Bettina Blaß

Zu Fuß durch KÖLN

12 Spaziergänge

Droste Verlag

AUS DEM INHALT

Zu Fuß durch KÖLN

VORWORT

86 Stadtviertel in neun Bezirken – das ist Köln. Die Millionenstadt ist oft nicht schön, aber immer liebenswert. Sie hat neben den großen Sehenswürdigkeiten in der Innenstadt viel Grün zu bieten, viel Multikulti und Vielfalt, Industriegeschichte und dörflichen Charakter. Dieses Buch hat aber nur zwölf Kapitel. Nach welchen Kriterien soll man da eine Auswahl treffen? Welches Viertel ist es wert, präsentiert zu werden – und welches scheint bedeutungslos?

Um die Vielfältigkeit, aber auch die Ambivalenz der Stadt zu zeigen, habe ich mich dazu entschlossen, meine Spaziergänge thematisch zu gestalten. Sie führen darum auf insgesamt fast 123 Kilometern durch Parks und Gärten, aber auch durch die Innenstadt, zu Glaubensorten, durch ein buntes Multikultiviertel im Gentrifizierungsprozess und zu wichtigen Punkten im Leben der schwul-lesbischen Community. Die Spaziergänge bleiben nur selten in einem Viertel und haben fast nie den gleichen Start- und Zielpunkt. Das macht aber nichts, denn dank des Bahn- und Busnetzes kommen Sie immer wieder an den Ausgangspunkt zurück – oder auch an jeden anderen Ort in der Stadt.

Natürlich finden Sie auch alle wichtigen touristischen Ziele in diesem Buch – in erster Linie den Dom, aber auch die Altstadt, das Schokoladenmuseum und die Museen. Darüber wurde jedoch auch in anderen Büchern schon viel geschrieben. Mit diesen Spaziergängen werden Sie noch deutlich mehr entdecken, was auch zu Köln und den Kölnern gehört: die Seen im Norden genauso wie den höchsten Punkt der

Stadt. Spannende Ziele rechtsrheinisch genauso wie fast wilde Natur im Süden.

Falls Ihnen ein Spaziergang zu lang wird: Meistens können Sie zwischendurch abbrechen – oder auf eine andere Tour wechseln, wenn Ihnen danach ist. Diese Punkte sind im Buch angegeben. Übrigens lohnt es sich auch, sich die Spaziergänge näher anzusehen, wenn Sie schon lange in der Stadt leben. Ich bin sicher, dass ich bei einigen Touren durch Viertel und Stadtteile führe, in denen auch die echten Kölner noch nie oder zumindest schon sehr lange nicht mehr waren.

Wenn diese Spaziergänge Sie dazu ermuntern, die ausgetretenen Wege zu verlassen und Köln (neu) zu entdecken, dann können Sie gar nicht anders, als diese Stadt zu lieben. Denn es sind die vielen Farben und Formen, das bunte Gemisch, die Bausünden genauso wie die Naturschutzgebiete und Grünanlagen, die den Reiz dieser Millionenstadt ausmachen. Und wenn Sie auf Ihren Spaziergängen auch noch Dinge sehen und lesen, die Sie bisher nicht wussten, dann freut es mich besonders, dass ich Ihnen etwas Neues erzählen konnte.

Viel Spaß bei Ihren Entdeckungen wünscht

Bettina
Blaß

1 RUND UM DEN DOM

Start: Schokoladenmuseum, Am Schokoladenmuseum 1A, 50678 Köln (GPS: 50.932462, 6.964374)
Ziel: KölnTurm, Im Mediapark 8, 50670 Köln
Länge: ca. 10 Kilometer
Dauer: ca. 2,5 Stunden
ÖPNV: Haltestelle Heumarkt, Stadtbahn 5; Rückkehr zum Ausgangspunkt: Haltestelle Christophstraße/Mediapark, Stadtbahn 15 bis Ubierring.
Ein- und Ausstiegspunkte unterwegs: Bahnhof Deutz und Hauptbahnhof
Parken: Parkhaus Rheinauhafen APCOA, Harry-Blum-Platz 2, 50678 Köln

Unterwegs entdeckt:

1 Kölner Senfmuseum
2 Schokoladenmuseum
3 Deutsches Sport & Olympia Museum
4 Historische Ansichten der Stadt im Rheinauhafen
5 Südbrücke
6 Poller Wiesen
7 LVR-Turm mit Köln View
8 Hohenzollernbrücke mit Liebesschlössern
9 Museum Ludwig
10 Dom
11 Römisch-Germanisches Museum
12 Kölnisches Stadtmuseum
13 Friesenviertel
14 Grüngürtel
15 Herkulesberg
16 Mediapark

Essen + Trinken:

Im Rheinauhafen sowie rund um den Friesenplatz gibt es für jeden Geldbeutel und Geschmack etwas.

Zwei besondere Tipps:

Direkt am Dom im **Excelsior Hotel Ernst** am Dom gibt es Afternoon Tea mit Blick auf den Dom. Das Hotel ist das beste in der Stadt, entsprechend gehoben ist der Preis. Für Genießer. Vorher reservieren! (Trankgasse 1–5/Domplatz, 50667 Köln, Tel. 02 21/27 01, www.excelsiorhotelernst.com)
Im Mediapark im KölnTurm ist im 30. Stock das **Restaurant Osman30** mit hervorragendem Blick über die ganze Stadt und natürlich auch zum Dom. (Im Mediapark 8, 50670 Köln, Tel. 02 21/50 05 20 80, www.osman-cologne.de)

Das Wahrzeichen (fast immer) im Blick

Köln ohne den Dom – unvorstellbar! Darum widmet sich die erste Tour in diesem Buch der schwarzen Kathedrale am Rhein. Sie wird übrigens liebevoll gerne „Bahnhofskapelle" genannt, weil man den Hauptbahnhof in direkter Nachbarschaft zum Dom gebaut hat. Natürlich gehört zu einem Kölnaufenthalt auch der Besuch des Doms dazu. Wer ihn aber in seiner vollen Pracht bestaunen will, der muss die Rheinseite wechseln. Denn unbestritten ist der Blick von dort auf die Kathedrale um einiges besser oder zumindest anders, als wenn man direkt davorsteht. Während unserer Stadtwanderung kommen wir außerdem zu einigen Punkten in Köln, von denen man einen spannenden, guten oder auch einfach ungewöhnlichen Blick auf den Dom hat.

Unsere Stadtwanderung beginnt an der Kreuzung Holzmarkt und Große Witschgasse, also da, wo die Drehbrücke zum Schokoladenmuseum führt. Bevor wir uns ihm zuwenden, werfen wir einen Blick zum **Kölner Senfmuseum 1**. Hier kann man zu festen Zeiten sehen, wie in einer Senfmühle von 1810 Senf hergestellt wird. Im zugehörigen Laden wird beispielsweise Curry-, Riesling- oder Bärlauch-Senf verkauft. Von dort gehen wir zum Schokoladenmuseum – und werden gleich das erste Mal den Dom sehen. Das Schokoladenmuseum liegt etwas vorgelagert auf dem Werthchen, einer früheren Rheininsel, die heute mit dem Ufer verbunden ist. Um es zu erreichen, muss man also über eine kurze Brücke gehen. Dann steigen wir links am **Schokoladenmuseum 2** die lange Treppe nach oben. Dort erreichen wir eine Terrasse, von der aus man den Rhein im Blick hat, an dessen linker Seite auf Höhe der Hohenzollernbrücke der Dom steht.

Wir prägen uns die Türme der schwarzen Kirche ein, bevor wir ihr für einige Zeit den Rücken zukehren. Wenn die Treppe von der Plattform hinunter zum Rhein geöffnet ist, nehmen wir diese, sonst steigen wir die Treppe hinab, die wir zuvor hochgegangen sind, und gehen am Schokoladenmuseum vorbei links zum Rheinufer.

Rheinauhafen

Das Schokoladenmuseum gehört heute zu Lindt, früher zur ehemaligen Kölner Schokoladenfabrik Stollwerck. Einige erinnern sich vielleicht noch an den Sarotti-Mohren, der heute „Magier" heißt. Sarotti ist immer noch eine Marke von Stollwerck, die Firma gehört heute aber zu einem internationalen Schokoladenkonzern. Im Museum kann man unter anderem sehen, wie Kakao wächst, wie daraus Schokolade wird und wie diese wiederum zu Schokoosterhasen, -fußbällen oder -weihnachtsmännern verarbeitet wird. Besonders beliebt ist bei allen Besuchern der **Schokoladenbrunnen** ganz hinten im Gebäude auf der Spitze des Wehrchens, denn dort bekommt man Waffeln, die in frische flüssige Schokolade getunkt wurde, zum Naschen. Wem das nicht reicht: Im Museum können Schokoladenverkostungen und -workshops gebucht werden. Außerdem gibt es ein Schokoladengeschäft mit einer fast überwältigenden Anzahl an Sorten und Geschmäckern. Beliebt ist außerdem das Café, in dem es natürlich vor allem schokoladige Torten gibt.

Direkt neben dem Schokoladenmuseum ist das **Deutsche Sport & Olympia Museum 3.** Neben der allgemeinen Geschichte des Sports gibt es auch spezielle Abteilungen, in denen man beispielsweise mehr über Fußball oder Trendsportarten erfährt. Den Olympischen Spielen 1936 in Berlin ist ebenfalls ein eigener Raum gewidmet, der zum Nachdenken über diese Zeit anregt. Im Museum gibt es viele interaktive Stationen, an denen man seine Kraft messen oder in die Pedale treten kann. Darum sollten Besucher etwas Zeit mitbringen.

Hinter dem Deutschen Sport & Olympia Museum gehen wir vom Rhein weg nach rechts und laufen nun parallel zum Fluss links weiter durch den Rheinauhafen. Vor uns sehen wir die futuristisch anmutenden **Kranhäuser,** bei denen man sich unwillkürlich fragt, wie ihre Standfestigkeit gewährleistet ist – schließlich ragt ein Teil des Gebäudes in 40 Metern Höhe als Ausleger Richtung Rhein und scheint sich dabei nur auf einen filigranen Treppenturm zu stützen. Die Kranhäuser sollen an Lastkräne erinnern, die früher im Hafen genutzt wurden, um Schiffe zu be- und entladen. Das erste der drei Häuser war 2008 bezugsfertig.

Wir spazieren durch die ehemalige Hafenanlage.

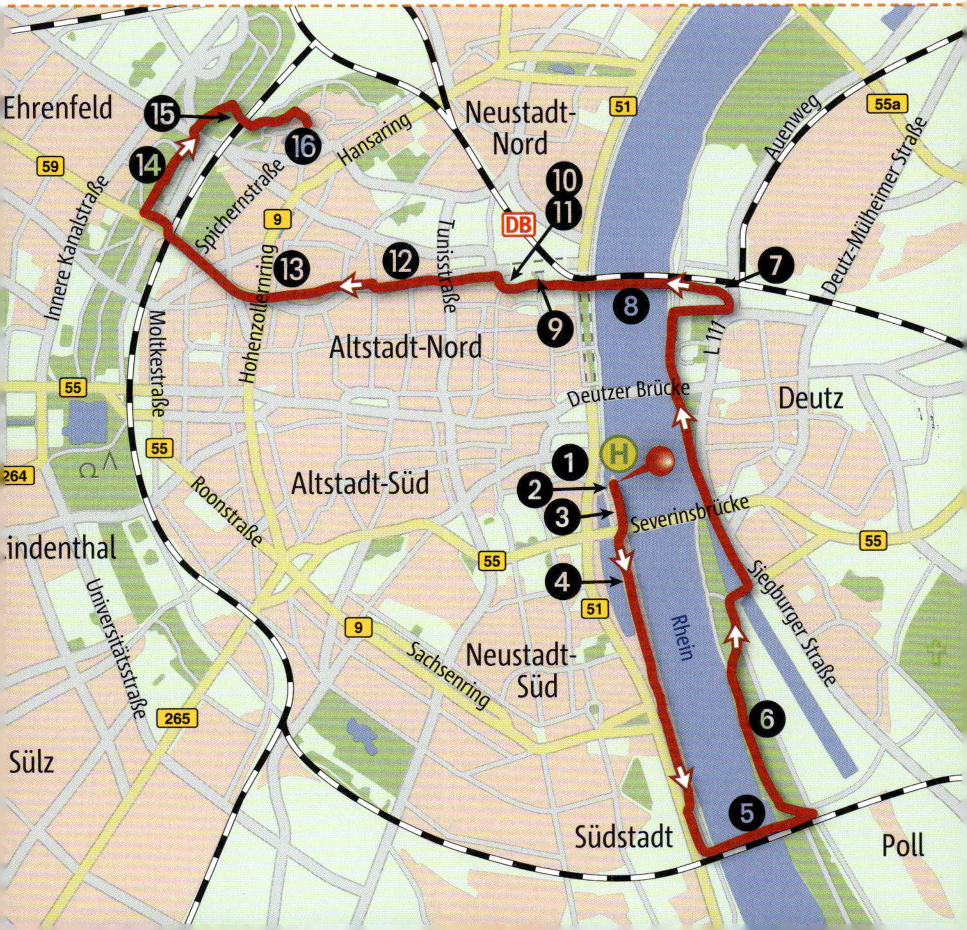

Tiefgarageneingang im Rheinauhafen

Überhaupt ist der Rheinauhafen ein interessanter Stadtteil: Denn, der Name sagt es schon, früher war hier die Hafenanlage der Stadt Köln. Heute leben dort Menschen, es gibt Büros, Gastronomie und Gewerbe, und die Kölner joggen, spazieren oder fahren mit dem Fahrrad zwischen den alten und neuen Gebäuden. Tatsächlich sind viele der alten Bauten erhalten und saniert worden, beispielsweise der ehemalige Kornspeicher an der **Agrippinawerft,** der aufgrund seiner vielen spitzen Giebel als „Siebengebirge" bekannt ist. Unter dem Rheinauhafen befindet sich übrigens Europas längste Tiefgarage mit 1,6 Kilometern Länge. Die Betreibergesellschaft hat die Zugänge zur Garage mit **historischen Bildern von Köln 4,** dem Hafen und auch dem Kölner Dom gestaltet. So verlieren wir das eigentliche Thema unserer Tour nicht aus den Augen, obwohl wir ihm den Rücken zugewandt haben.

Wir gehen weiter durch den Rheinauhafen, bis wir das Ende der Bebauung erreichen. An einem **Skaterpark** gehen wir nach rechts, um die Gleise der Stadtbahn zu überqueren. Wir spazieren dann aber parallel zum Rhein weiter Richtung **Südbrücke 5.** Über die Stahlbrücke fahren keine Autos, sondern Züge. Rechts und links der Gleise gibt es außerdem Fußgängerwege. Wir nehmen die **linke Brückenseite,** die näher am Dom ist. Kaum ist man die Treppen nach oben gestiegen, sieht man die Domspitzen wieder im Hintergrund. Auf ihn führen aus dieser Perspektive die Gleise der Stadtbahn zu.

Von der Brücke hat man einen guten Blick auf das Kölner Panorama. Von den sieben Kölner Brücken, die die Stadtteile rechts und links des Rheins verbinden, sieht man von der Südbrücke gleich vier: die Rodenkirchner Brücke im Süden und nördlich die Severinsbrücke, die Deutzer und die Hohenzollernbrücke. Während wir Richtung Poll und Deutz gehen, schiebt sich ganz langsam der Dom in unser Blickfeld. Kurz bevor wir das andere Ufer erreichen, hat man dann den vollen Domblick. Unter der Brücke sind die **Poller Wiesen 6,** bei den Kölnern sehr beliebt für Spaziergänge oder im Sommer für den Grillabend mit Freunden. Schließlich hat man von hier den besten Blick auf die Stadt. Nur im Rhein baden sollte man nicht: Die Strömung ist lebensgefährlich. Über die Poller Wiesen führen kreuz und quer viele Wege – wir suchen uns einfach den aus, der uns am besten gefällt. Bei unserem jetzigen Weg über die Wiese Richtung Dom verlieren wir die Kathedrale für lange Zeit nicht mehr aus dem Blick. Dabei fällt ganz besonders

Wir überqueren den Rhein.

Poller Wiesen

Deutzer Werft

auf, dass der Dom eigentlich drei Türme hat: Der **Vierungsturm** ist eine Art barocker Dachreiter, der, wie es der Name sagt, auf der Vierung sitzt. Das ist der Punkt, an dem das Haupt- und das Querschiff der Kirche aufeinandertreffen.

Wenn wir auf Höhe der Kranhäuser sind, sollten wir langsam beginnen, vom Rhein weg über die Wiese Richtung Straße zu gehen. Das ist die **Alfred-Schütte-Allee.** Wir sehen jetzt ein recht modernes Bürogebäude, den Sitz der Lanxess AG, vor uns. Der Spezialchemie-Konzern ist eine Ausgliederung der Bayer AG und hatte seine Zentrale früher in Leverkusen. Der sogenannte Lanxess Tower war 1969 für die Lufthansa gebaut worden. Nach einem Komplettumbau zog 2013 das Chemie-Unternehmen in den 95 Meter hohen Turm. Lanxess ist auch Namensgeber der größten Kölner Veranstaltungshalle, die Kölnarena oder wegen des sie überspannenden Bogens Henkelmännchen genannt wird. Dort spielen die Kölner Haie Eishockey, und es wird ausgiebig Karneval und Silvester in der Arena gefeiert. Stars wie Santana, Elton John, Sting, aber auch Udo Lindenberg oder Herbert Grönemeyer haben dort schon gespielt beziehungsweise planen dort Konzerte.

Am Ende der Straße gehen wir nach rechts über die **Deutzer Drehbrücke.** (Die Drehbrücke ist noch mindestens bis Ende 2021 wegen Renovierungsarbeiten gesperrt. Entweder nehmen wir den Umweg über die Straße Am Schnellert oder bekommen mit etwas Glück einen der eingesetzten Pendelbusse.) Links von uns ist die Feuerlöschbootstation, rechts sehen wir die alte Mühle, in der früher Mehl der Marke Aurora Sonnenstern produziert wurde. Hier plant die Stadt Köln ein neues Wohn- und Büroviertel. Um nicht an der stark befahrenen Siegburger Straße entlanggehen zu müssen, nehmen wir den schmalen Weg direkt links hinter dem **Hafenbecken.** Jetzt gehen wir wieder auf den Dom zu. Auf Höhe der Severinsbrücke erkennen wir links unseren Startpunkt am Schokoladenmuseum wieder und daneben das Sport & Olympia Museum, außerdem die Kölner Altstadt mit der Kirche Groß Sankt Martin, die sich jetzt vor dem Dom ins Gesichtsfeld drängt. Im Hintergrund können wir auch den hohen, gläsernen KölnTurm im Mediapark sehen, der für alle, die durchhalten, das Ziel unserer Tour sein wird. Der Fernmeldeturm, der ebenfalls spitz in die Höhe ragt, wird Colonius genannt, ist aber leider nicht öffentlich zugänglich.

Wir gehen weiter am Rhein entlang über die Deutzer Werft auf die Deutzer Brücke zu. Wenn hier Kirmes stattfindet, sollte man mit dem Riesenrad fahren, um einen ganz besonderen

Rheinboulevard

Domblick zu erhaschen. Für uns wird es jetzt auch ohne Kirmes Zeit für eine Pause: Denn vor uns liegt bald der **Rheinboulevard,** eine lange Treppenanlage mit breiten, ehemals weißen Stufen. Die Kölner sitzen dort gerne mit direktem Domblick und einer Flasche Kölsch. Gerne wird hier auch gepicknickt. Wer nichts zu essen und trinken dabei hat, kann im Biergarten oder im Café des Hotel Hyatt verschnaufen.

Egal, ob wir auf den Stufen oder im Biergarten pausiert haben: Wir gehen rechts vom Hotelgebäude durch die **Herrmann-Pünder-Straße,** und nach dem Bürogebäude, das links von uns steht, gehen wir links auf den **LVR-Turm, offiziell: Köln Triangle** 7 zu. Für alle, die jetzt aus- oder vielleicht auch erst einsteigen wollen: Schräg gegenüber liegt der Deutzer Bahnhof. Wer also nicht die ganze Tour gehen will, kann hier sehr gut abkürzen.

Unser Weg führt uns von der Schäl Sick ins Zentrum.

Aber stopp! Wer hier aussteigen möchte, sollte zumindest noch mit auf den Köln Triangle kommen. Das Eintrittsgeld ist gut angelegt. Denn von der **Plattform** in 100 Metern Höhe hat man nicht nur einen 360-Grad-Blick über Köln, sondern vor allem auch einen fantastischen Blick auf die Hohenzollernbrücke und den Dom. Die dreibogige Stahlbrücke ist die meistbefahrene Eisenbahnbrücke Deutschlands und die direkte Zufahrt in den Hauptbahnhof. Von der Plattform des Köln Triangle sehen alle Züge in der Tiefe wie Spielzeugbahnen aus.

Wieder unten, gehen wir auf die Brücke zu. Unser Weg führt uns nun von der Schäl Sick ins Zentrum. Links und rechts

Blick vom LVR-Turm bei Hochwasser

Liebesschlösser

der Gleise führen nämlich kombinierte Rad- und Gehwege über den Rhein. Wir nehmen den linken Weg und müssen uns darauf vorbereiten, zu jeder Tageszeit in dichtes Menschengedränge zu kommen. Darum achten wir auf unsere Wertsachen und lassen uns keine scheinbar kostenlosen Geschenke wie Blumen in die Hand drücken. Kaum haben wir die Brücke erreicht, sehen wir **Liebesschlösser 8,** und zwar sehr, sehr viele. Ungefähr 2005 tauchten die ersten dort auf: Verliebte hängen sie auf, nachdem sie ihre Namen haben eingravieren lassen, und werfen den Schlüssel nicht besonders umweltfreundlich in den Rhein. In der Zwischenzeit hän-

Afternoon-Tea-Blick

gen die Schlösser in mehreren Lagen übereinander am Zaun, der die Fußgänger von den Zügen trennt. Der Brauch soll aus Italien kommen und hat sich über ganz Europa ausgebreitet.

Während wir den Dom bisher immer von der Seite gesehen haben, nähern wir uns ihm jetzt von hinten. Dabei fällt wieder deutlich auf, dass er drei und nicht zwei Türme hat. Kurz vor dem Dom erreichen wir auf der linken Seite das **Museum Ludwig 9.** Hier geht es im Wesentlichen um Kunst aus dem 20. Jahrhundert und der Gegenwart. Wir gehen links am **Dom 10** vorbei und wundern uns über die Steinsäulen und -gräber, die wir passieren. Sie gehören zum benachbarten **Römisch-Germanischen Museum 11,** dem Kölner Archäologiemuseum. Dort kann man Schätze aus der Urzeit bis zum Mittelalter entdecken. Wir werfen außerdem einen Blick über die Steinmauer rechts von uns: Dort unten ist die Dombauhütte. Etwa 100 Mitarbeiter arbeiten kontinuierlich daran, die Fenster, Kunstwerke und Steinornamente der Kathedrale zu restaurieren und in gutem Zustand zu bewahren. Die Dombauhütte gehört mit 17 weiteren seit Dezember 2020 zum immateriellen Kulturerbe der UNESCO.

Wir gehen am Dom entlang zu seiner Vorderseite, und legen den Kopf in den Nacken, um die Domspitzen zu sehen. Wer Zeit hat, geht ins Innere, schaut sich das Richter-Fenster und den **Dreikönigenschrein** an. Und wer eine Pause braucht, geht im Excelsior Hotel Ernst am Dom **Afternoon Tea** mit Blick auf die Domplatte genießen. Der Dom ist wegen seiner Nähe zum Hauptbahnhof ebenfalls ein guter Ort, um in die Tour einzusteigen oder sie abzukürzen.

Wer weiter stadtwandern möchte, muss noch kurz an zwei Kuriositäten anhalten: Da ist zum einen die **Kreuzblume,** die große Betonskulptur vor dem Dom. Sie ist 10 Meter hoch und ein Modell der Domturmspitzen. Die Kreuzblume ist bei den Kölnern ein beliebter Treffpunkt, denn alle wissen, wo sie ist, und es ist unmöglich, sich dort nicht zu finden. Rund um die Skulptur sind in verschiedenen Sprachen Erklärungsschilder angebracht. Eines ist auch auf Kölsch geschrieben. Verstehen Sie es?

Um die zweite Kuriosität zu entdecken, gehen wir am Zugang zur U-Bahn vorbei Richtung Trankgasse. Rechts befindet sich sehr unscheinbar der Zugang zur Tiefgarage unter dem Dom. Dort treten wir ein und stehen sofort vor einem Gitter, hinter dem wir römische Ausgrabungen der ehemaligen Stadtmauer und von Wohnhäusern sehen. Wir gehen am Kassenautomaten vorbei aufs Parkdeck. Gegenüber, auf der anderen Seite der Ein- und Ausfahrt, also schräg links, sehen

Kreuzblume

wir einen **Brunnen.** Er ist der Brunnen der frühmittelalterlichen Vorgängerkirche des Doms an seiner ursprünglichen Stelle. Kölns lange Geschichte ist überall gegenwärtig.

Von der Innenstadt gehen wir einen kurzen Umweg zum Mediapark.

Von der Innenstadt gehen wir nun zum Mediapark, allerdings nicht auf direktem Weg. Wir verlassen das Parkhaus so, wie wir hineingegangen sind, und gehen in die schmale Straße **Burgmauer,** die genau gegenüber vom Dom ist. Nach etwa der Hälfte der einsehbaren Straße drehen wir uns einmal um: Jetzt sehen wir, wie mächtig die Kölner Kathedrale im Vergleich zu benachbarten Häusern aussehen kann. Am Ende der Straße gehen wir rechts die Treppen nach unten und überqueren am Zebrastreifen die Kreuzung, sodass wir weiter geradeaus über die Fußgängerampel gehen können. Die Straße heißt hier erstaunlicherweise auch noch Burgmauer.

Domblick

Wir gehen auf ein Gebäude mit den Fensterläden in den Kölner Farben Rot und Weiß zu. Das ist oder war das **Kölnische Stadtmuseum 12,** das in das ehemalige Modehaus Sauer in der Minoritenstraße umziehen wird. Es soll im zweiten Quartal 2022 wieder eröffnet werden. Sonderausstellungen finden dort allerdings noch statt. Auf dem Treppenturm steht seit 1991 das goldene Flügelauto des Künstlers HA Schult, das er während seiner Aktion „Fetisch Auto" geschaffen hat. Übrigens kommt man auf Höhe des Stadtmuseums wieder an Resten der römischen Stadtmauer vorbei, die hier zumindest teilweise restauriert wurde. Im Anschluss an die Stadtmauer fällt ein Monument auf, das aus zwei Steinplatten besteht, die wie ein Positiv und Negativ ineinanderpassen. Gemacht hat es der Künstler Raf Verjans 1985 zum 2000-jährigen Bestehen

Grüngürtel

der Stadt Tongeren in Belgien. Als römische Schwesterstadt hat Köln eine Kopie des Denkmals erhalten.

Auf Höhe des Denkmals wechseln wir die Straßenseite nach rechts, um bei nächster Möglichkeit rechts und sofort wieder links in die Friesenstraße einzubiegen. Jetzt sind wir im **Friesenviertel** **13**, einem der Kölner Vergnügungsviertel. Hier ist vor allem am Wochenende abends sehr viel los, denn hier reihen sich Bars an Kneipen, Restaurants an Cafés. Am Ende der Straße liegt der Friesenplatz, rundum ebenfalls umgeben von Cafés und anderen Einkehrmöglichkeiten.

Wir überqueren den viel befahrenen Hohenzollernring und gehen auf der **Venloer Straße** geradeaus stadtauswärts auf Ehrenfeld zu. Nach kurzer Zeit ist rechts der Zugang zu einem Park zu sehen. Daran gehen wir noch vorbei, unter der Eisenbahnbrücke hindurch geradeaus weiter, bis sich rechts und links von uns der **Grüngürtel** **14** öffnet. Wir nehmen einen der Wege nach rechts und genießen nach der trubeligen Innenstadt die Natur. Dann überqueren wir die Subbelrather Straße, halten uns dabei rechts, überqueren eine Zufahrtsstraße und stehen am Fuß des **Herkulesbergs** **15**. Er ist einer der elf Trümmerberge in Köln. Hier wurde also nach dem Zweiten Weltkrieg der Schutt aus der Innenstadt aufgeschüttet und bepflanzt. Im Volksmund heißt der Berg **Mont Klamott.**

1 RUND UM DEN DOM

Domblick vom Restaurant Osman30

Wir gehen einige Schritte in die Grünanlage, nehmen den ersten Weg rechts, dann sofort den mittleren und steilsten, der auf den für Kölner Verhältnisse hohen Berg hinaufführt. Auf dem Plateau angekommen, biegen wir rechts ab und gehen den Weg entlang, bis auf der linken Seite eine Treppe nach unten und eine **Brücke** über die Gleise führt. Von hier haben wir nochmals einen Blick auf den Kölner Dom, dieses Mal trotz des vielen Grüns um uns herum inmitten seines urbanen Umfelds.

Jetzt haben wir unser Ziel im Blick, und das ist der hohe gläserne Turm genau vor uns, der **KölnTurm,** den wir vorhin schon einmal aus der Ferne gesehen haben. Er ist knapp 150 Meter hoch, wurde 2001 eingeweiht und steht im **Mediapark 16.** Hier war früher der Güterbahnhof der Stadt Köln. Um den KölnTurm zu erreichen, gehen wir noch ein wenig durch den Park. Dann suchen wir uns zwischen den Häusern einen Weg zu dem zentralen Platz mit Brunnen und gehen auf den KölnTurm zu. Hinter der Drehtür wenden wir uns nach rechts an der Rezeption vorbei und dann nach links in den schmalen Gang. Hier ist der Empfangsbereich für das Restaurant **Osman30,** das sich in der 30. Etage des KölnTurms befindet. Man muss dort nicht zwingend etwas essen, aber wer will, hat von dort oben während des Essens mit etwas Glück Domblick. Ganz sicher hat diesen, wer sich dafür entscheidet, auf der Terrasse einen Kaffee, ein Glas Wein oder einen anderen Aperitif zu bestellen. Das geht auch ohne Reservierung und ist selbst für viele Kölner immer wieder ein Erlebnis.

Der Kölner DOM IN ALLER KÜRZE

Der Dom ist das Wahrzeichen der Stadt und UNESCO-Weltkulturerbe. Er ist nach dem Fernmeldeturm das zweithöchste Gebäude der Stadt, sechs Millionen Menschen besuchen ihn im Jahr. Grundsteinlegung des heutigen Doms war 1248 – allerdings gab es an seinem Standort schon früher kleinere Kirchen. 1520 wurden die Bauarbeiten eingestellt und erst ab 1823 wieder aufgenommen. Am Dom wird immer gearbeitet, ihn ohne Gerüst zu sehen wäre erstaunlich. Denn nur durch ständiges Arbeiten an der Kathedrale lässt sich diese überhaupt erhalten. Will man den Dom näher entdecken, hat man dazu viele Möglichkeiten: Wer keine Platz- und Höhenangst hat, kann die enge Wendeltreppe auf die Aussichtsplattform am Südturm hinaufsteigen. Außerdem gibt es im Gewölbekeller die Domschatzkammer. Natürlich sollte man den Dom auch einmal von innen gesehen haben, insbesondere das bunte Fenster, das der Künstler Gerhard Richter gestaltet hat. Dort wurden über 11.000 Farbquadrate in 72 Farben nach einem Zufallsprinzip angeordnet. Fällt das Sonnenlicht durch das Fenster, wirken die umliegenden Wände, die Säulen und der Boden wie gesprenkelt mit unterschiedlichen Farben. 2007 wurde das umstrittene Fenster eingeweiht. Es war damals in der Diskussion, weil es abstrakt ist und nicht den römisch-katholischen Glauben spiegelt. Sehenswert ist im Dom außerdem der goldene Dreikönigenschrein.

2 VON WEST NACH OST

Start: Rheinenergie-Stadion, Aachener Straße 999, 50933 Köln (GPS: 50.933452, 6.876134)
Ziel: Skulpturenpark, Riehler Straße, 50668 Köln
Länge: ca. 11 Kilometer
Dauer: ca. 2,5 Stunden
ÖPNV: Haltestelle Rheinenergie-Stadion, Stadtbahn 1; Rückkehr zum Ausgangspunkt: Haltestelle Zoo/Flora, Stadtbahn 18 bis Rudolfplatz, dann umsteigen in Stadtbahn 1.
Ein- und Ausstiegspunkte unterwegs: Haltestelle Universitätsstraße oder Haltestelle Lohsestraße
Parken: P+R Parkhaus Köln-Müngersdorf, Aachener Straße 1003, 50933 Köln

Unterwegs entdeckt:

1 Rheinenergie-Stadion
2 Adenauer Weiher
3 Stadtwald
4 Lindenthaler Kanäle
5 Museum für Ostasiatische Kunst
6 Grüngürtel
7 Fort X
8 Kölner Weinmuseum
9 Skulpturenpark
10 Zoo
11 Flora
12 Seilbahn

Essen + Trinken:
Diese Strecke ist bestens geeignet, um sich ein Picknick mitzunehmen. Denn es gibt nicht viele Einkehrmöglichkeiten, aber jede Menge Grünflächen und Bänke.

Drei besondere Tipps:
Am Adenauer Weiher hat der **Club Astoria** einen Biergarten (Guts-Muths-Weg 3, 50933 Köln, Tel. 02 21/9 87 45 10, www.club-astoria.eu).
Am Skulpturenpark gibt es das **Restaurant Richters** (Konrad-Adenauer-Ufer 115, 50668 Köln, Tel. 02 21/78 94 99 41, www.richters-koeln.de).

Die grüne Lunge

Wer in Köln nur den Dom und den Hauptbahnhof mit der Altstadt kennt, wird denken, die Stadt sei nicht grün. Das stimmt so nicht. Köln hat neben dem Inneren Grüngürtel, der sich als Parkstreifen linksrheinisch fast ums gesamte Zentrum zieht, auch einen Stadtwald, den ausgedehnten Äußeren Grüngürtel und viele Parks. Wer sich ein bisschen auskennt, kann mitten in der Stadt stundenlang unter Bäumen und durch Parks und Wiesen spazieren und muss nur wenige Male viel befahrene Straßen überqueren.
Diese Tour durch die grüne Lunge der Stadt macht man nicht, um touristische Attraktionen zu entdecken, sondern um der Seele im Großstadtleben Ruhe und Entspannung zu geben. Sie führt uns vom Rheinenergie-Stadion bis zum Rhein.

Von vielen als Karnevalsverein belächelt, von den Kölnern heiß und innig geliebt: der 1. FC Köln. Er spielt seine Heimspiele im **Rheinenergie-Stadion 1**, dessen vier Pylone in den Farben Rot und Weiß leuchten können. Das sind sowohl die Farben des FC – in Köln gerne Effzeh geschrieben – als

Das RHEINENERGIE-STADION

Dort, wo seit 2004 das moderne Rheinenergie-Stadion steht, befand sich früher das Müngersdorfer Stadion. Nachdem klar war, dass die Fußball-Weltmeisterschaft 2006 in Deutschland stattfinden würde, hat Köln als Austragungsort gut 117 Millionen Euro in ein neues Stadion investiert. Das ist das Rheinenergie-Stadion. Bei nationalen Fußballspielen haben dort rund 49.700 Besucher Platz, bei internationalen Spielen sind es nur gut 46.000 Plätze. Im Stadion finden auch Open-Air-Konzerte statt. Dann können 35.600 bis 60.000 Besucher kommen. Am Stadion gibt es einen offiziellen FC-Fanshop, und für Fußballbegeisterte werden unterschiedliche Touren durch das Stadion angeboten.

Rheinenergie-Stadion

Statue von Heinz ‚Flocke' Flohe

auch die der Stadt Köln. Das Rheinenergie-Stadion steht im Sportpark in Köln-Müngersdorf. Dort haben unter anderem auch die Deutsche Sporthochschule und der Olympiastützpunkt Rheinland ihren Sitz.

Unsere Tour zum Skulpturenpark beginnt genau hier, also am Eingang zum Gelände des Rheinenergie-Stadions. Wir gehen unter dem Schriftzug **„Stadion"**, der den Eingang überspannt, geradeaus auf das Stadion zu. Davor biegen wir nach rechts ab und an der nächsten Ecke wieder links, um am Stadion entlang weiterzugehen.

Da das Rheinenergie-Stadion mitten im Sportpark liegt, sieht man hier eigentlich zu jeder Tageszeit Sportler. Allerdings nicht nur Fußballer, denn hier ist beispielsweise auch das Radstadion, und natürlich sind auch viele Läufer unterwegs. Am Ende des Stadions gehen wir links und kommen an der Statue von Heinz „Flocke" Flohe vorbei. Er war Kapitän der Mannschaft, die 1977/1978 deutscher Meister und DFB-Pokalsieger wurde. Flohe spielte 1966 bis 1978 für den Effzeh. Wir überqueren dann die Junkersdorfer Straße, um ins Grüne zu kommen. Während wir auf dem Guts-Muths-Weg weiter Richtung Wald gehen, liegt rechts von uns die **Jahnwiese,** die mehrere Spielfelder umfasst. Links, etwas verborgen, ist der Club Astoria, der einen Biergarten direkt am **Adenauer Weiher** **2** hat. Benannt ist er natürlich nach Konrad Adenauer, der nicht nur der erste Bundeskanzler der Bundesrepublik Deutschland war, sondern von 1917 bis 1933 auch Oberbürgermeister von Köln. Ihm

war schon damals wichtig, Erholungsgebiete in die Stadtplanung einzubeziehen. Und so wurden in den 1920er-Jahren der Stadtwald erweitert und der Adenauer Weiher geschaffen.

Wir stadtwandern durchs Grüne.

Da der Adenauer Weiher nicht so zentral liegt wie beispielsweise der Aachener Weiher, ist er üblicherweise auch nicht so überlaufen. Wir gehen an seinem Ufer entlang, und zwar im Uhrzeigersinn, bis wir eine kurze Holzbrücke überqueren. Dann spazieren wir noch einige Meter weiter, bis wir links an einen Weg kommen. An der Kreuzung direkt dahinter gehen wir so lange geradeaus weiter, wie es möglich ist. Diesem Waldweg folgen wir, bis wir eine große Straße, die **Militärringstraße**, erreichen. Sie ist stark befahren, vor allem unter der Woche und zu den Stoßzeiten. Bitte vorsichtig überqueren!

Jetzt gehen wir geradeaus in den **Stadtwald** **3** hinein. Auf diesem Weg bleiben wir, bis wir die erste richtige Kreu-

Am Adenauer Weiher

Bahngleise im Stadtwald

zung erreichen, dort gehen wir links über den kleinen Trampelpfad weiter über die Wiese. Dann überqueren wir einen ersten Weg, am zweiten halten wir uns rechts. Der Stadtwald gehört übrigens zum Kölner Stadtteil Lindenthal und ist Teil des Äußeren Grüngürtels. Er wurde 1895 angelegt und in den folgenden Jahren kontinuierlich erweitert. Im Stadtwald sind zu jeder Jahreszeit und eigentlich auch bei jedem Wetter viele Leute unterwegs. Allerdings verlaufen sie sich aufgrund der Größe des Stadtwalds üblicherweise gut, sodass man sich nicht zu nah kommt.

Nachdem wir äußerst selten befahrene Bahngleise überquert haben, erreichen wir einen **Tierpark,** der natürlich vor allem im Sommer und bei Familien sehr beliebt ist. Wir halten uns hier links und gehen bald über eine gepflasterte Brücke. Danach halten wir uns rechts. Links kommen wir an einem Spielplatz vorbei, und schließlich überqueren wir die Kitschburger Straße an einem Zebrastreifen. Rechts von uns erstreckt sich jetzt eine weitere Wasserfläche, der Kahnweiher. Wir gehen nicht über die Brücke, sondern bleiben links vom Wasser, denn wir wenden uns jetzt langsam, aber sicher dem Stadtzentrum zu. Darum interessiert uns der erste Weg rechts auch gar nicht, dafür biegen wir in den zweiten Weg rechts ein und gehen dann geradeaus weiter.

Wir flanieren an den Kanälen entlang.

Bei der nächsten Möglichkeit biegen wir links ab und sind jetzt auf unseren letzten Metern im Stadtwald. Wenn wir auf einen Platz kommen, an dem sich fast sternförmig viele Wege treffen, sind wir richtig. Das erkennen wir auch daran, dass hier ein Gedenkstein zum **Weltjugendtag** steht, der 2005 in Köln stattgefunden hat. Er ist außerdem ein Zeichen dafür, dass hier ein Jakobsweg Richtung Santiago de Compostela in Spanien führt. Hier steht außerdem ein Schild, das den Weg ins Zentrum anzeigt. Noch 3,4 Kilometer sind es bis dorthin.

Gedenkstein zum Weltjugendtag

In wenigen Schritten verlassen wir jetzt den Stadtwald und sind schon mitten in einem Wohnviertel. Mit etwas Glück steht direkt nach dem Stadtwald auf der Fürst-Pückler-Straße eine mobile Kaffeestation, die auch Gebäck verkauft. Damit können wir jetzt eine kurze Rast auf einer der Sitzbänke einlegen. Danach folgen wir dem Fußweg bis zum Stadtwaldgürtel, überqueren diesen und sind dann am **Rautenstrauch-Kanal.** Dieses Stück unserer Stadtwanderung bis zur Universitätsstraße ist einer meiner Lieblingsplätze in Köln, weil es hier zu jeder Jahreszeit schön ist: Die Bäume spiegeln sich frischgrün, herbstgold oder kahl im Wasser, dank der Brücken hat man immer wieder schöne Blickach-

Karl-Schewering-Platz

Am Clarenbach-Kanal

sen, und gleichzeitig gibt es versteckte Ecken, die man nicht unbedingt beim ersten Besuch entdeckt.

Auch die **Lindenthaler Kanäle** **4** wurden zur Zeit Konrad Adenauers angelegt. Neben dem Rautenstrauch-Kanal ist das noch der Clarenbach-Kanal. Die beiden sind versetzt zueinander angelegt und über den Karl-Schwering-Platz miteinander verbunden. Wir flanieren auf der rechten Seite des Rautenstrauch-Kanals bis zur Klosterstraße, dort wechseln wir die Kanalseite. Am Ende des Wasserbeckens halten wir uns links und biegen dann rechts in den Zugang zu einer kleinen Rabattenanlage ein. An dieser gehen wir wenige Schritte entlang, biegen dann wieder auf den Hauptweg nach links ein und gehen rechts am **Clarenbach-Kanal** weiter. Vorher werfen wir aber noch einen kurzen Blick auf die katholische Kirche Christi Auferstehung. Abgesehen von ihrer modernen Bauweise ist an ihr interessant, dass sie von Gottfried Böhm gebaut wurde. Er hat neben vielen anderen Kirchen zusammen mit Paul Böhm auch die Ditib Zentralmoschee in Köln-Ehrenfeld geplant.

Unser Weg führt uns durch den Grüngürtel.

Am Ende des Kanals erreichen wir die Universitätsstraße, eine der meistbefahrenen Straßen in Köln. Wir halten uns links. Auf der anderen Straßenseite ist jetzt das **Ostasiatische Museum** **5.** Interessierte finden dort beispielsweise buddhistische Malerei, japanische Farbholzschnitte oder koreanische Lackkunst. An der Kreuzung wird die Universitätsstraße zur Inneren Kanalstraße. Wir überqueren sie und auch die ebenfalls mehrspurige und viel befahrene Aachener Straße. Wer keine Lust mehr hat, mit uns weiterzuwandern oder wer erst später einsteigen will: Jetzt ist der richtige Zeitpunkt, denn hier ist die Haltestelle Universitätsstraße.

Wir gehen nicht weiter stadteinwärts, sondern schräg durch ein Stück Grün. So gelangen wir in den Inneren **Grüngürtel** **6** zwischen Aachener Weiher und Vogelsanger Straße. Dort gehen wir links weiter. Sobald rechts von uns ein Weg diagonal über die große Wiese führt, nehmen wir diesen. Im Hintergrund sehen wir einen hohen Glasturm, das ist der KölnTurm im Mediapark. Er ist eines der wenigen wirklich

Grüngürtel

hohen Gebäude in Köln und gleichzeitig das Ziel unserer Domblick-Tour (Seite 6).

Auf unserem Weg durch den Grüngürtel überqueren wir die Vogelsanger Straße. Auf der rechten Seite gibt es einen großen **Fitness-Parcours** für Erwachsene. Außerdem sind in diesem Teil des Inneren Grüngürtels Tennisplätze, Tischtennisplatten, Basketballkörbe und noch einige andere Möglichkeiten, um sich sportlich auszutoben. Hier ist auch ein Wasserspielplatz.

Jetzt überqueren wir die Venloer Straße. Wer nicht mehr mit uns durchs Grüne bis zum Rhein gehen mag, kann hier auf die Domblick-Tour umschwenken: Diese führt über den **Herkulesberg** zum Mediapark. Alle anderen kommen mit uns: Wir gehen geradeaus durch den Grüngürtel weiter. Bei gutem Wetter ist der Park voll mit Sonnenanbetern, Grillfreunden, Frisbeespielern, Fahrradfahrern, Joggern und Menschen, die auf Slacklines balancieren. Links von uns ist der **Colonius,** ein Fernmeldeturm. Er wurde ab 1978 gebaut und ist mit 266 Metern Höhe der höchste Fernmeldeturm in Nordrhein-Westfalen. Früher gab es in ihm ein Restaurant, das sich gedreht hat. Es wird immer wieder diskutiert, ob man den Colonius nicht wieder zur Nutzung freigeben kann und will. Aktuell ist er jedoch leider nicht zugänglich. Dahinter sieht man das Herkules-Hochhaus, ein hohes Gebäude, blau, orange und violett gekachelt. Es wurde 1972 fertiggestellt und ist zumindest aus heutiger Sicht keine Schönheit. Dort gibt es auf 31 Etagen 427 Wohnungen.

Am Ende des Grüngürtels halten wir uns rechts und gehen auf die nächste Straße zu. Das ist die Subbelrather Straße. Wir überqueren sie, nehmen den ersten Weg rechts und gehen sofort links, also nicht auf den Herkulesberg hinauf, sondern an ihm entlang. An der kommenden Kreuzung spazieren wir geradeaus weiter. Bei der nächsten Gabelung halten wir uns links und gehen gleich ein Stück den Hügel hinab auf eine sehr große Kreuzung zu. Hier überqueren wir die **Innere Kanalstraße.** Wir kennen sie schon: Als wir sie am Ostasiatischen Museum überquert haben, hieß sie aber Universitätsstraße. Das wird nicht das letzte Mal sein, dass wir auf sie stoßen.

Auf der anderen Seite der Kreuzung gehen wir rechts an der Inneren, wie sie bei den Kölnern heißt, weiter. Das ist das längste verkehrsreiche Stück unserer Tour. Aber keine Sorge, gleich wird es wieder grüner. Wir spazieren jetzt unter **Eisenbahnbrücken** hindurch. Bis 2007 war dies ein äußerst unfallträchtiges Stück Kölner Straße. Denn eine 1911 gebaute Eisenbahnbrücke passte nicht mehr zu der heutigen Höhe von Lastwagen. Es wird geschätzt, dass sich im Laufe der Zeit bis zu 100 Brummis mit dieser Brücke verkeilten, und das, obwohl auf vielfältige Weise auf die Gefahr hingewiesen wurde. Darum hieß die Brücke im Volksmund auch Idiotenbrücke. 2008 wurde diese durch eine neue, höhere Eisenbahnbrücke ersetzt.

Auf der linken Seite ist jetzt die Hornstraße. Dort befindet sich links **Odonien.** Was auf den ersten Blick aussieht wie ein Schrottplatz, ist das Eventgelände des Künstlers Odo Rumpf. Hier gibt es Partys, Flohmärkte, Festivals und im Sommer einen Biergarten. Schräg gegenüber ist das Pascha, eines der größten Laufhäuser Europas. Im Zuge der Corona-Pandemie

meldete es Insolvenz an, 2021 im Februar wurde es schließlich verkauft. Ob es weiterhin als Freudenhaus betrieben werden soll und, falls ja, unter welchem Namen, stand bei Redaktionsschluss nicht fest. Die Hornstraße ist heute aber nicht unser Ziel – weder um Odonien, noch um dem Pascha einen Besuch abzustatten. Darum überqueren wir sie und folgen links einem schmalen Weg in ein grünes Tälchen hinab. Wir gehen diesen etwas verlassenen Weg, weil wir so von der lauten Straße wegkommen.

Am Ende des kleinen Parks erreichen wir wieder die Innere Kanalstraße. Auf ihr unterqueren wir wieder eine Eisenbahnbrücke. Auf der linken Seite gelangen wir jetzt in einen weiteren Park. Auch hier gibt es einen Ball- und einen Spielplatz. Wir überqueren als Nächstes die Merheimer Straße und gehen weiter geradeaus, jetzt durch den **Lohse-Park.** Auch hier gibt es die Möglichkeit, auf Slacklines zu balancieren, Volleyball zu spielen oder sich anderweitig körperlich zu betätigen – oder einfach nur faul in der Sonne zu liegen. Vor den Basketballspielflächen halten wir uns links und folgen dann dem Weg rechts. Auf Höhe des Spielplatzes gehen wir geradeaus weiter und biegen nicht rechts ab.

So kommen wir an einer Kleingartenanlage und Tischtennisplatten vorbei. Dort führt ein Weg steil nach rechts unten. Hier wäre jetzt der richtige Zeitpunkt, um die Tour zu verlassen, wenn man an der Lohsestraße in die Bahn steigen möchte und keine Lust mehr auf **Rosen** und Skulpturen hat. Andererseits ist dies der optimale Einstiegspunkt für alle, die nur eine kurze Stadtwanderung machen und dabei möglichst viele Attraktionen entdecken wollen.

Zurück zu unseren Tischtennisplatten: Wir folgen dem steilen Weg nach unten, kommen so an einem Skaterpark vorbei und gehen unter einer Straße hindurch. Danach halten wir uns rechts und gehen wieder auf die Innere Kanalstraße zu. Erneut müssen wir sie überqueren. Auf der anderen Seite gehen wir noch über die Niehler Straße und dort fast direkt an der Kreuzung in einen schmalen Fußweg. Zwar steht hier auch ein kleines Schild, das den Weg zum **Fort X** 7 weist, es ist aber leicht zu übersehen.

Nach dem Pfarrzentrum Sankt Agnes links von uns gehen wir weiter, bis wir ungefähr auf Kniehöhe rechts ein Schild sehen, das uns die Richtung des Rosengartens anzeigt. Sehen wir im Hintergrund ein sehr altes Gemäuer, gehen wir links, allerdings nicht zum Spielplatz, sondern erst bei nächster Gelegenheit. So gelangen wir zum **„Enyeloppen Thor"** im Fort X. Das Fort gehörte zu den linksrheinischen Festungsanlagen. Es wurde von 1819 bis 1825 errichtet. Gartenbaudirektor Fritz Encke hat dort 1921 den Rosengarten angelegt. Er gehört zu den kleinen Geheimnissen von Köln. Um ihn zu

Fort X

sehen, geht man die unspektakuläre Rampe nach oben, und schon steht man zumindest zur Blütezeit in einer benebelnden Duftwolke von Tausenden Rosenblüten, die in vielen Farben an den Büschen wachsen.

Nach einer kurzen, besinnlichen Pause verlassen wir das Fort X wieder durch das Tor mit dem unaussprechlichen Namen und halten uns links. Der Fußgängerweg führt durch zwei Fort-Mauern geradeaus weiter. Links von uns in der Senke ist wieder ein Spielplatz. Wir gehen jedoch geradeaus und über die Lentstraße. Das Gebäude links von uns heißt wie die Grünanlage selbst **Lentpark.** Darin befinden sich von September bis April sowohl eine Eislaufbahn als auch ein Schwimmbad: Die Wärme, die bei der Kühlung der Eisbahn entsteht, wird genutzt, um das Schwimmbad zu heizen. Im Sommer gibt es dort ein Freibad.

Wir gehen weiter geradeaus durch den Lentpark, und zwar so lange, bis es nicht weitergeht, dann halten wir uns rechts. Jetzt gehen wir auf einem Fußgängerweg parallel zur

Skulpturenpark – Werk von Mauro Staccioli

viel befahrenen Amsterdamer Straße. Hier haben wir schon unser Ziel vor Augen, denn der Skulpturenpark Köln ist genau auf der anderen Straßenseite. Um ihn zu erreichen, folgen wir dem Fußgängerweg und kommen auf der rechten Seite noch am **Kölner Weinmuseum** **8** vorbei. Dort geht es um die Önologie, also die Wissenschaft des Weins. Eine Besonderheit des Museums ist, dass auf seinem schrägen Dach ein Weinberg angepflanzt wurde.

Skulpturenpark – Ring-Around von Paul Wallach

Jetzt müssen wir nur noch die Riehler Straße überqueren, dann die Amsterdamer Straße, und schon stehen wir am Eingang des **Skulpturenparks** **9**. Er ist das Ziel dieser Stadtwanderung, und genau an diesem Ort, zwischen den mehrspurigen Straßen, eine echte Oase. Hier gibt es zeitgenössische Skulpturen, die alle zwei Jahre neu kuratiert werden. Zuletzt sind im Jahr 2020 acht neue Kunstwerke hinzugekommen.

Wer noch nicht genug hat: Gegenüber ist der **Zoo** **10**, schräg dahinter die **Flora** **11** mit dem Botanischen Garten. Beide Parks beziehungsweise Gärten liegen an unserer gleichnamigen Tour ab Seite 38. Auf der anderen Seite der Inneren Kanalstraße – ja, noch immer begleitet sie uns – befindet sich der Zugang zur **Seilbahn** **12**. Sie fährt seit fast durchgehend 60 Jahren in etwa 6 Minuten über den Rhein – allerdings nicht ganzjährig. Wann genau Saison ist, steht auf der entsprechenden Internetseite. Von ihrem Ziel im Rheinpark kann man weiter bis zum Deutzer Bahnhof gehen.

3 WEIDENPESCH UND MÜLHEIM

Start: Rennbahnstraße, 50737 Köln (GPS: 50.975352, 6.950627)
Ziel: Wiener Platz, 51065 Köln
Länge: ca. 10 Kilometer
Dauer: ca. 2,5 Stunden
ÖPNV: Haltestelle Neusser Straße/Gürtel, Stadtbahn 12, 13, 15; Rückkehr zum Ausgangspunkt: Haltestelle Wiener Platz, Stadtbahn 13. Ein- und Ausstiegspunkt unterwegs: Haltestelle Kinderkrankenhaus
Parken: in Parkbuchten an der Straße

Unterwegs entdeckt:

1 Nordpark
2 Flora/Botanischer Garten
3 Zoo
4 Skulpturenpark
5 Seilbahn
6 Claudius-Therme
7 Rheinpark/Jugendpark

Essen + Trinken:

In den Parks gibt es überall Möglichkeiten für ein Picknick.

Zwei besondere Tipps:

In der Flora serviert das Café **Dank Augusta** Kaffee und Kuchen, aber auch Salate, Suppen und andere Kleinigkeiten, allerdings nicht an jedem Tag (Am Botanischen Garten 1a, 50735 Köln, Tel. 02 21/2 84 84 84, www.dankaugusta.de).

In Köln-Mülheim ist am Rhein der Biergarten **Anker 7,** der zu Lindgens Lokschuppen gehört. Es gibt neben den Menüs auch Kaffee, Kuchen und Snacks (Hafenstraße 7, 51063 Köln, Tel. 02 21/9 67 00 39, www.lindgens-gastronomie.de).

Parks und Gärten

Diese Route ist zweigeteilt: Teil 1 der Strecke, von Weidenpesch bis zur Flora, dürfte für Touristen weniger spannend sein. Außer sie wünschen sich mehr Grün als urbanes Lebensgefühl – und kennen Köln schon ganz gut. Dafür entdecken hier wahrscheinlich viele Kölner Teile ihrer Stadt, von denen sie bisher höchstens einmal gehört haben. Teil 2, von der Flora bis zum Wiener Platz, ist dagegen für Touristen spannend, die sich gerne Parks und Gärten anschauen. Die Kölner jedoch waren hier vermutlich schon öfter. So oder so: Beide Teile verbindet, dass diese Stadtwanderung durch viel Grün führt – und darum einen hohen Entspannungsfaktor bietet.

Köln-Weidenpesch ist nicht gerade für sein tobendes Nachtleben bekannt. Der Stadtteil ist eher ein Wohnviertel. Allerdings ist hier manchmal doch eine ganze Menge los, denn in Köln-Weidenpesch befinden sich die **Galopprennbahn** und übrigens auch die einzige Jockeyschule in Deutschland. Unsere Stadtwanderung beginnt in der Rennbahnstraße und führt so nah am Gelände der Rennbahn vorbei, dass man die Pferde zumindest an manchen Tagen riechen kann. Wenn es ein Rennen oder eine andere Veranstaltung auf der Galopprennbahn gibt, ist sie natürlich einen Besuch wert. Dazu sollte man sich vorab im Internet erkundigen.

Wer hinein will, sollte den Eingang an der Scheibenstraße nehmen. Auf unserer Stadtwanderung lassen wir sie jedoch im wahrsten Sinne des Wortes links liegen und nehmen den schmalen Fußweg nach rechts, der auf eine Grünfläche führt. Sie ist – genau wie die Galopprennbahn und der Tennisplatz direkt daneben – Teil des **Weidenpescher Parks.** Wir gehen durch dieses kleine Parkstück und an dessen Ende auf der schmalen Straße zwischen zwei Wohnhäusern bis zur Friedrich-Karl-Straße. Hier biegen wir links ab. An der nächsten Kreuzung, also am Niehler Kirchweg, überqueren wir die Straße und erreichen den Toni-Steingass-Park. Der Namensgeber war Humorist, Komponist, Texter, Sänger und Verleger. Steingass hat unter anderem Lieder für den Kölner Karneval ge-

schrieben. Bekannt ist möglicherweise „Der schönste Platz ist immer an der Theke".

In dem Park, der schon in Köln-Nippes liegt, wird Fußball gespielt, gejoggt oder Yoga gemacht. Wir durchqueren ihn, gehen unter der Hochbahn hindurch weiter geradeaus und biegen am Wetterpilz links ab. Ein schmaler Weg führt uns auf die Niehler Straße. Dort gehen wir kurz rechts und gleich wieder links. Jetzt sind wir im **Nordpark** 1**.** Auch hier sind viele Nordic Walker und Läufer unterwegs, außerdem gibt es eine Kleingartenkolonie. Alles in allem recht viel Grün – mitten in der Stadt. Wir wollen im Park möglichst viel Zeit verbringen, darum gehen wir wenige Meter nach links – und dann in einem großen Bogen nach rechts. Wenn wir die Kreuzung erreichen, an der rechts ein Weg sehr lange geradeaus führt, sind wir richtig. Auf ihn biegen wir ein. Er führt uns am Ende des Parks durch Schrebergärten.

Nach der Xantener Straße kommen wir sofort in eine weitere Grünanlage, den **Johannes-Giesberts-Park.** Giesberts war 1953 bis 1974 Beigeordneter der Stadt Köln und Förderer der Städtepartnerschaft Köln-Tel Aviv, nicht zu verwechseln mit einem anderen gleichnamigen Politiker, der aber früher gelebt hat. Im Johannes-Giesberts-Park gehen wir unter vielen Kastanien so lange geradeaus wie möglich. Dann kommt links von uns eine Hundefreilauffläche, die auch als solche ausgezeichnet ist. An ihrem Ende biegen wir links ab und verlassen hier den Park. Rechts von uns ist jetzt das Kinderkrankenhaus. Darum hieß der Johannes-Giesberts-Park auch bis zu seiner Umbenennung allgemein „Krankenhauswiese". Jetzt kommen wir genau auf die Haltestelle **Kinderkrankenhaus** zu. Das ist möglicherweise der Punkt, an dem Nicht-Kölner, die weniger die Stadt entdecken, sondern touristische Höhepunkte ansteuern wollen, in diese Tour einsteigen sollten.

Wir erreichen die Flora und den Botanischen Garten.

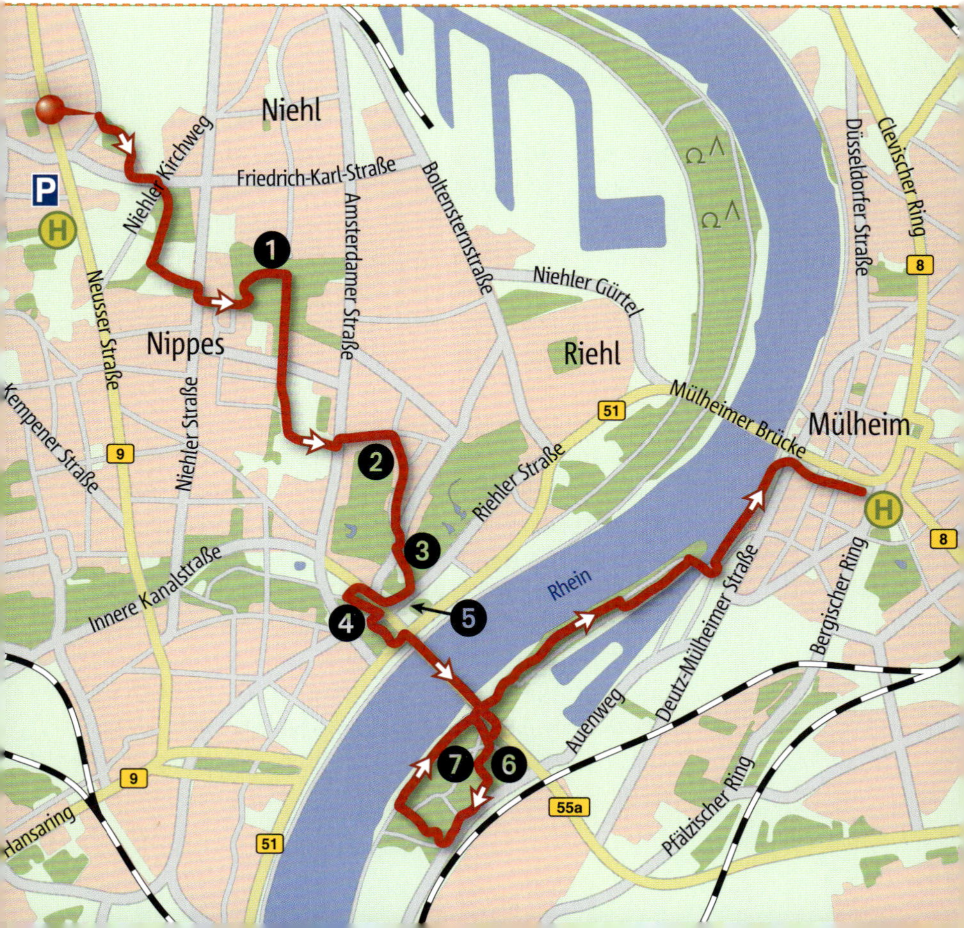

Im Rheinpark

Wir überqueren die Amsterdamer Straße und biegen in die Johannes-Müller-Straße ein. Auf der rechten Seite ist gegenüber der Theodor-Schwan-Straße der etwas unscheinbare Hintereingang zum **Botanischen Garten und zur Flora** 2. Der Eintritt ist frei. Wir durchqueren sie und verlassen sie wieder am Haupteingang. Die Gartenanlage ermöglicht Besuchern Einblick in die Pflanzenwelt vieler Länder. Derzeit werden neue Schaugewächshäuser gebaut.

Genau gegenüber der Flora ist der **Kölner Zoo** 3, zu dem auch ein Aquarium gehört. Wer hinein möchte, sollte für den Besuch bei den Elefanten, Giraffen, Zebras und den vielen anderen Tieren mindestens 2 Stunden Zeit einplanen. Besonders spannend sind die Abendführungen, bei denen man den Zoo fast für sich alleine hat und in kurzer Zeit viel über die Tiere und die Anlage lernt.

Schräg gegenüber vom Zoo ist an der Riehler Straße der **Skulpturenpark** 4. Auch hier wird kein Eintritt verlangt. Es lohnt sich immer, durch ihn hindurchzuschlendern und sich die modernen Kunstwerke anzusehen. Der Skulpturenpark ist übrigens das Ziel der Stadtwanderung „Grüne Lunge" auf Seite 22. Wer mit uns zu Fuß über die Zoobrücke gehen möchte, geht nach dem Skulpturenpark am Rheinufer links. Wer lieber die Seilbahn nehmen möchte, weil ihm der Weg zu weit oder die Zoobrücke mit den vielen Autos zu laut ist, der sollte den Park wieder an der Riehler Straße verlassen und über die Innere Kanalstraße zurück zur Haltestation der **Seilbahn 5** gehen. Sie fährt allerdings nicht ganzjährig.

Wer über die **Zoobrücke** kommt, nimmt die Treppe, die auf der Seite hinaufführt, die der Stadt näher ist. Natürlich ist es auf der Zoobrücke immer voll, hier fährt Auto an Auto, und das ist ein unheimliches Getöse. Dafür wird man hier oben mit einem der schönsten Panoramablicke auf Köln belohnt: Über den Rhein führt die Hohenzollernbrücke, rechts von ihr sind der Dom und die Altstadt, links der ehemalige Messeturm und der LVR-Turm zu sehen. Letzterer spielt in unserer Domblick-Runde eine wichtige Rolle (Seite 6).

Der Rheinpark bietet viele Attraktionen.

Am Ende der Zoobrücke führt eine Treppe hinunter in den Rheinpark. Ganz in der Nähe ist auch die rechtsrheinische Seilbahnstation, sodass hier unsere Wege wieder zusammenfinden. Wer keine Lust mehr auf ausgedehntes Stadtwandern hat: Hier befindet sich auch **die Claudius Therme 6**,

Blick von der Zoobrücke

Seilbahn im Rheinpark

ein Thermalbad mit Sauna. Dorthinein kann man auch spontan gehen, denn am Eingang können sich Besucher Bademantel und Handtücher ausleihen.

Domblick

Der Rheinpark bietet viele Attraktionen. Unter der Zoobrücke beginnt beispielsweise rechts der Jugendpark. Wer will, kann hier Basketball, Fußball oder Minigolf spielen. Durch den Park fährt bei gutem Wetter auch eine Kleinbahn. Wir gehen jedoch links von der Brücke im **Rheinpark 7** zum Rheinufer und genießen den Blick auf den Dom. Dann folgen wir dem Uferverlauf nach links, ungefähr so lange, bis rechts die Kaimauer beginnt. Auf der anderen Rheinseite sehen wir jetzt die Bastei, ein Gebäude mit einem gebogenen Überbau und viel Glas, das der Architekt Wilhelm Riphahn 1924 gebaut hat. Früher war dort ein Restaurant, heute kann man sie für Veranstaltungen mieten.

Brunnen

Jetzt gehen wir links in den Park hinein bis zum **Parkcafé.** Es wurde 1957 gebaut, als im Rheinpark die Bundesgartenschau stattfand. Jahrzehntelang stand es leer, war sogar verfallen – doch ab 2021 sollen Besucher dort wieder einkehren können. Vom Parkcafé aus gehen wir zurück zur Zoobrücke – allerdings nehmen wir uns Zeit, um in die vielen versteckten Ecken und durch die metallenen Rahmen zu schauen, die jeweils einen besonderen Blick auf das Gelände zeigen. So entdecken wir einen Weiher mit Enten, zumindest im Sommer leuchtende Blumenbeete, einen japanischen Garten, Skulpturen und Brunnen. Wieder an der Zoobrücke angekommen, gehen wir geradeaus weiter in den Jugendpark.

Jetzt wird's wieder natürlicher.

Dort sieht es deutlich naturbelassener aus, sogar ein bisschen wild. Wer auf der Suche nach touristischen Highlights ist, ist in diesem Teil des Parks falsch. Denn hier geht es wieder um Ruhe und Natur. Sollte das Grün zu eintönig werden, steigt man an der Kilometer-691-Anzeige die Metalltreppe nach oben. Jetzt hat man einen Blick auf das gewerblich genutzte **Mülheimer Hafenbecken:** Hier ist es industriell – allerdings nur auf einer begrenzten Fläche. Je nachdem, wie viele Schiffe festgemacht haben, kann die sehr steile Brücke, die wir geradeaus sehen, interessanter sein. Das ist der so-

Katzenbuckel

genannte Katzenbuckel, der es uns ermöglicht, das Hafenbecken zu überqueren. Rechts von uns ist in einer ehemaligen Fabrik jetzt das Restaurant Lokschuppen untergebracht: Wo früher chemische Farben hergestellt und die Dachplatten des Kölner Doms gewalzt wurden, kann man heute essen – auch im Biergarten Anker 7, der im Sommer meistens gut besucht ist.

Nach dieser Stärkung gehen wir am Rhein entlang zurück zum Katzenbuckel und dann geradeaus weiter zur Mülheimer Brücke. Unsere Parks-und-Gärten-Tour ist jetzt zu Ende, wir müssen nur noch parallel zur Brücke bis zur Haltstelle **Wiener Platz** gehen, um nach Hause, in unser Hotel oder zurück zum Startpunkt zu kommen.

4 VOM DOM ZUR SYNAGOGE

Start: Kölner Dom, Domkloster 4, 50667 Köln
(GPS: 50.941389, 6.958310)
Ziel: Körnerstraße, 50823 Köln
Länge: ca. 13 Kilometer
Dauer: ca. 3 Stunden
ÖPNV: Haltestelle Dom/Hauptbahnhof, Stadtbahn 5, 16, 18, Regionalexpress und Fernverkehr; Rückkehr zum Ausgangspunkt: Haltestelle Liebigstraße, Stadtbahn 5.
Ein- und Ausstiegspunkt unterwegs: Heumarkt, Köln-Süd
Parken: Parkhaus am Dom, Kurt-Hackenberg-Platz 2, 50667 Köln

Unterwegs entdeckt:

1 Kölner Dom
2 Groß Sankt Martin
3 Tünnes und Schäl
4 Alter Markt
5 Josef-Kardinal-Frings-Denkmal
6 Johann Maria Farina gegenüber dem Jülichs-Platz
7 Wallraf-Richartz-Museum & Fondation Corboud
8 Alt Sankt Alban
9 Maria im Kapitol
10 Kolumba
11 4711
12 Museum Schnütgen
13 Rautenstrauch-Joest-Museum
14 Konrad-Adenauer-Denkmal und Sankt Aposteln
15 Dominikanerkloster
16 Synagoge
17 Yitzhak-Rabin-Platz
18 Freikirche der Siebenten-Tags-Adventisten
19 Sankt Pantaleon
20 Garten der Religionen
21 Melaten-Friedhof
22 Ditib Zentralmoschee
23 Gedenktafel für Ehrenfelder Synagoge

Essen + Trinken:
Die Tour führt größtenteils durch die Innenstadt.
Hier gibt es unzählige Restaurants, Cafés, Bars und Imbisse.

Orte des Glaubens

„Ich ben Grieche, Türke, Jude, Moslem un Buddhist, mir all, mir sin nur Minsche, vür'm Herjott simmer glich", heißt es in dem Lied „Unser Stammbaum" von der Kölner Band Bläck Fööss. Das bringt ziemlich genau auf den Punkt, welche religiöse Vielfalt es in Köln gibt. Denn neben dem Dom gibt es Glaubenshäuser für ganz unterschiedliche Religionen: Synagogen, Moscheen, Kirchen, Klöster – selbst einen Tempel gibt es in der Stadt. Unsere Tour führt im Wesentlichen durch das Stadtzentrum und macht auch auf Orte des Glaubens aufmerksam, die selbst Kölner nicht immer auf dem Schirm haben dürften.

Natürlich beginnt eine Tour, die sich Orten des Glaubens widmet, in Köln am **Dom 1**. Ihm ist allerdings ein eigener Spaziergang gewidmet, die Domblick-Tour auf Seite 6, darum verbringen wir mit ihm jetzt nicht so viel Zeit, wie nötig wäre, um diese wunderbare Kathedrale in ihrer ganzen Schönheit zu entdecken. Zwei Objekte an der Außenwand zum Roncalliplatz, also rechts vom Dom, schauen wir uns trotzdem näher an. Dort ist nämlich eine Tafel angebracht, die an Papst Johannes XXIII. erinnert. Sein bürgerlicher Name war Angelo Giuseppe Roncalli, und jetzt wissen wir auch, dass der Platz seinen Namen nicht vom gleichnamigen Zirkus hat. „Er war ein Papst der Güte und ein Freund der Menschen in Not und Bedrängnis", heißt es über ihn auf der Gedenktafel an der Südseite des Doms. Direkt daneben befindet sich ein Bronze-Relief, das an den Weltjugendtag 2005 in Köln erinnert. Damals waren 800.000 registrierte Pilger in der Stadt, unzählige Geistliche und Journalisten. Am Abschlussgottesdienst außerhalb der Stadt nahmen über eine Million Menschen teil. Eigentlich hätte

Bronze-Relief

Papst Johannes Paul II. zu diesem Glaubensfest kommen sollen, doch er starb im April. So kam der neue Papst Benedikt XVI. im August nach Köln. Die beiden Päpste sind auf dem Relief zu sehen.

Groß Sankt Martin

Tünnes und Schäl

Wir kehren dem Dom den Rücken zu und gehen am Römisch-Germanischen Museum vorbei über den Roncalliplatz und an seinem Ende die Treppe hinab. Wir folgen der Straße nach links und biegen rechts in die Straße Unter Taschenmacher ab. Dann geht es links am Alter Markt vorbei in die Mühlengasse. Gegenüber von Peters Brauhaus, in dem Häuserblock rechts also, führt ein Weg in den Innenhof. Jetzt stehen wir gegenüber der Kirche **Groß Sankt Martin 2.** Doch bevor wir uns ihr nähern, achten wir auf die Säule, auf der kleine Figuren einen Teil der Sankt-Martin-Geschichte zeigen. Wir erinnern uns: Der römische Soldat Martin sieht einen frierenden Mann und teilt seinen Mantel mit ihm. Nachts im Traum gab sich der frierende Bettler Martin als Jesus Christus zu erkennen. Martin ließ sich danach taufen und wurde schließlich Bischof. Jetzt aber zur Kirche: Wer über die Deutzer Brücke nach Köln hineinfährt und nach rechts schaut, sieht links vom Dom einen weiteren Kirchturm im Vordergrund. Das ist Groß Sankt Martin. Die Kirche ist also Teil des oft fotografierten Altstadt-Panoramas. Sie wurde im Mittelalter gebaut – und zwar über römischen Lagerhallen. Außerdem hat man bei Ausgrabungen die Reste eines antiken Wasserbeckens gefunden. Innen ist die Kirche eher karg gehalten. Außer an Montagen ist sie tagsüber in der Regel geöffnet.

Bevor wir über das Martinspförtchen zurück auf den Alter Markt gehen, schauen wir vom Kircheneingang nach links hinten in die Ecke. Dort stehen nämlich **Tünnes und Schäl** **3** als Bronzefiguren. Tünnes ist der etwas Rundere der beiden, der mit der Knollennase, ein friedlicher Typ mit einem Hauch Bauernschläue. Schäl schielt, trägt immer Frack und ist listig bis schlitzohrig. Beide Figuren sind Protagonisten im Hänneschen-Theater. Das Puppenspiel ist keinesfalls nur für Kinder geeignet. Ein Besuch lohnt sich selbst dann, wenn man nicht so gut Kölsch versteht, denn von den Figuren über die Stücke bis zur Musik steckt viel Liebe in diesem Theater. Übrigens: Tünnes' dicke Nase zu reiben soll Glück bringen. Weil viele daran glauben, ist die Nase auch schon ziemlich glänzend. Und so passen die beiden Herren eigentlich ganz gut in ein Kapitel über Orte des Glaubens.

Rund um den Alter Markt gibt es viel zu sehen.

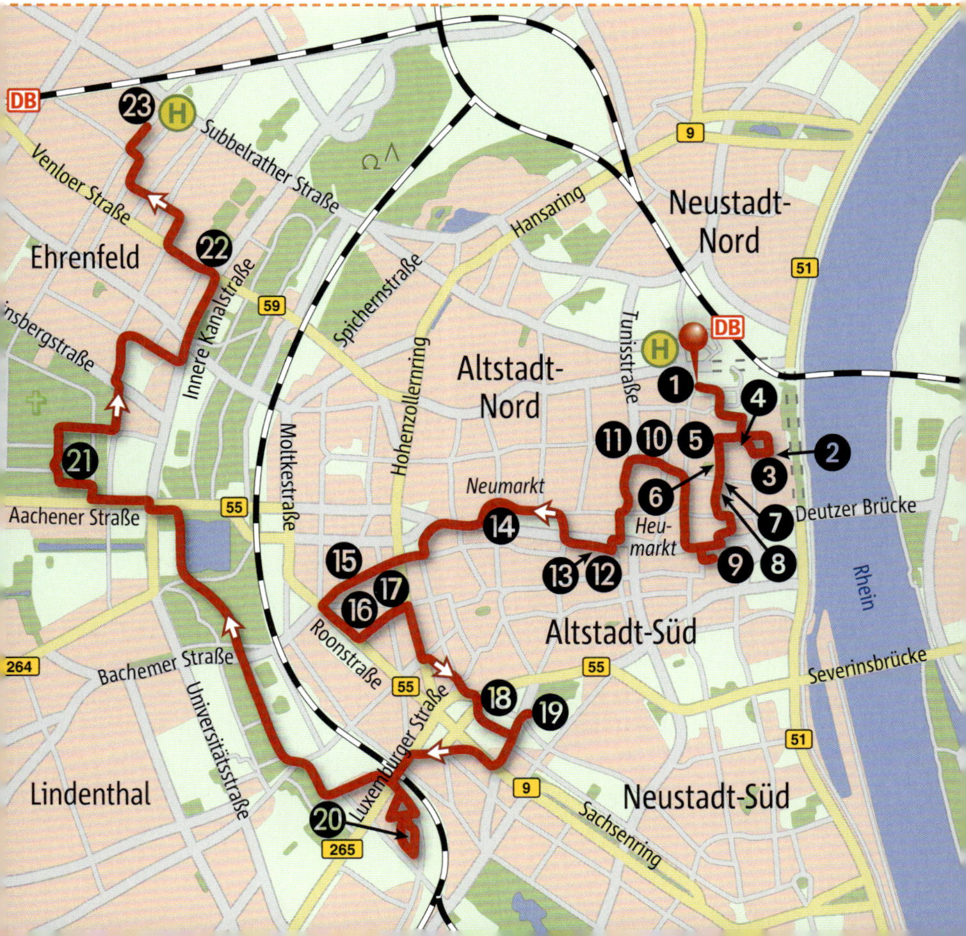

Wir drehen uns nach rechts und gehen an der Hauswand entlang, bis links der schmale Durchgang auf den **Alter Markt** 4 kommt. Hier müssen wir kurz innehalten, denn der Alter Markt ist einer der größten Plätze in der Kölner Altstadt. Früher fand hier genau das statt, was der Name verrät: ein Markt. Heute ist hier vor allem an Tagen mit gutem Wetter viel los, denn die Wirtschaften und Cafés, die ihn säumen, haben alle draußen Tische und Stühle stehen. Auf der anderen Seite des Alter Markts ist das Rathaus. Der Turm ist Teil des Historischen Rathauses. Um es von vorne zu sehen, muss man vom Alter Markt aus die Treppe hinaufgehen. Gegenüber dem Historischen Rathaus befindet sich der Spanische Bau. Dort kann man sich an einem Modell der Stadt einen Überblick über das Zentrum von Köln verschaffen. Unser Weg orientiert sich heute aber an Glaubensorten, darum schauen wir uns das Rathaus nicht näher an. Bevor wir unser nächstes Ziel ansteuern, müssen wir trotzdem noch einen kurzen Blick auf das Jan-van-Werth-Denkmal werfen, das ist der große Brunnen rechts von uns. Jan van Werth gehört genauso wie Tünnes und Schäl zu Köln.

Josef-Kardinal-Frings-Denkmal

Jetzt widmen wir uns wieder unseren Orten des Glaubens: Wir gehen also rechts über den Alter Markt und an seinem Ende links in die Kleine Budengasse. Dann biegen wir wieder links ab in die Straße Unter Goldschmied. Hier kommt nach wenigen Metern rechts der Laurenzplatz. Auf ihm steht ein Denkmal, das an **Josef Kardinal Frings** **5** erinnert. Frings wurde 1942 Erzbischof von Köln. Nach dem Krieg, 1946, hielt er eine bemerkenswerte Silvesterpredigt: Mit Bezug auf das Plündern von Kohlezügen sagte er, dass derjenige, der durch Arbeit und Bitten in dieser Zeit nicht das bekomme, was er brauche, um am Leben zu bleiben, es sich einfach nehmen dürfe. Die Kölner haben daraus das Verb „fringsen" gemacht, also „aus der Not heraus stehlen".

Wir gehen geradeaus weiter. Links von uns ist die archäologische Zone. Hier entsteht das Jüdische Museum, das 2024 fertig sein soll. Gegenüber, also rechts der Straße Unter Goldschmied, befindet sich die Parfümerie **„Johann Maria Farina gegenüber dem Jülichs-Platz"** **6**. Hier wurde 1708 das Eau de Cologne erfunden, das man noch heute im Laden kaufen kann. Wer 4711, das andere und wohl bekanntere Kölnisch Wasser, erstehen will, muss weiter mit uns bis in die Glockengasse spazieren. Im Farina-Haus gibt es übrigens ein kleines Duftmuseum.

Auf der linken Seite der Straße, nach der großen Baustelle, sehen wir jetzt das **Wallraf-Richartz-Museum & Fondation Corboud** **7**. Hier geht es im Wesentlichen um Kunst aus dem

Die Geschichte

VON JAN UND GRIET

Jan van Werth war ein einfacher Knecht, als er sich in Griet verliebte. Die wies ihn darum ab. Er zog in den Dreißigjährigen Krieg und kam voll Stolz und viel bejubelt als General zurück. Dabei sieht er Griet unter den Zuschauern stehen. Jetzt würde sie ihn wohl erhören – doch nun mag Jan nicht mehr. Üblicherweise wird die Geschichte von Jan und Griet an Weiberfastnacht an der Severinstorburg in der Südstadt aufgeführt.

Kirchenruine St. Alban

Mittelalter, dem Barock und dem 19. Jahrhundert. Wir gehen weiter geradeaus – noch immer auf der Suche nach Orten des Glaubens – und kommen so nach wenigen Metern auf der linken Seite an die **Kirchenruine Alt Sankt Alban 8.** Die Kirche wurde im Zweiten Weltkrieg zerstört und nicht wiederaufgebaut. Im Ruinenhof ist eine Gedenkstätte für die Toten der Weltkriege. Dort steht eine Kopie der Skulptur „Trauerndes Elternpaar" von Käthe Kollwitz. Das Original steht auf einem deutschen Soldatenfriedhof in Belgien.

Wir gehen mitten durchs Zentrum der Stadt.

Wir gehen weiter mitten durchs Zentrum der Stadt. Neben Alt Sankt Alban befindet sich der Gürzenich, die sogenannte gute Stube der Stadt. Er wurde in den 1440ern als Tanz- und Kaufhaus errichtet, im Laufe der Jahrhunderte zunehmend kulturell genutzt, im Zweiten Weltkrieg stark beschädigt und 1948 wiederaufgebaut. Heute finden dort kleine Börsen statt, Kongresse und Kultur- sowie Gesellschaftsveranstaltungen. Üblicherweise ist hier auch die Prinzenproklamation für Karneval, aber auch beim G8-Gipfel 1999 war der Gürzenich Austragungsort. Wir gehen an seiner Längsseite entlang und an der nächsten Kreuzung rechts in die Martinstraße bis zur Augustinerstraße. Dort halten wir uns rechts, um an der Kreuzung die mehrspurige Straße und die KVB-Gleise zu überqueren. Jetzt gehen wir in die Kasinostraße. Auf der linken Seite sehen wir ein großes Metalltor. Wenn es geöffnet ist, kommt man hier zur Kirche **Sankt Maria im Kapitol 9,** der größten romanischen Kirche der Stadt. Bevor wir eintreten, ist auf der rechten Seite ein Kreuzgang – ein idyllischer Ort mit dicken Mauern und zumindest im Sommer bunt blühenden Rosen. Auch diese Kirche ist eher schlicht und hell, hat aber eine sehenswerte Decke.

Zurück auf der Pipinstraße, wenden wir uns links und biegen bei nächster Möglichkeit rechts in die Hohe Straße ein, eine der Haupteinkaufsstraßen in der Stadt. Hier ist natürlich immer sehr viel los. Wer genug Orte des Glaubens gesehen hat, kann sich nun ausklinken und auf Shoppingtour gehen. Die anderen kommen weiter mit und gehen dann links in die Brückenstraße. An der zweiten Querstraße sind rechts

Kolumba

alte Mauerstücke in einen modernen Bau integriert worden. Ein unscheinbarer Schriftzug weist auf **„Madonna in den Trümmern"** hin. Wenn das Gitter geöffnet ist, treten wir rechts ein. Hier sehen wir Ausgrabungen von früheren Kirchen und Wohnhäusern. Wenn wir uns wieder der Straße zuwenden, ist rechts in der Wand eine unscheinbare Tür. Lässt sie sich öffnen? Falls ja, sollten wir eintreten. Hier ist die Kapelle „Madonna in den Trümmern". Dieser Ort ist so versteckt, dass man hier nur selten auf Touristen stößt. Die Geschichte der Kapelle: An dieser Stelle stand einst die **Kirche Sankt Kolumba 10.** Sie wurde im Zweiten Weltkrieg fast vollständig zerstört. Übrig blieben nur Reste der Außenmauer, der Turmstumpf und die Madonnenfigur. Nach dem Krieg wurde zunächst die Kapelle gebaut, die 2007 in den Neubau des Erzbischöflichen Diözesanmuseums integriert wurde.

Verlassen wir die Kapelle und gehen rechts am Gebäude entlang, erreichen wir den Eingang zum Museum Kolumba, wie es heute heißt. Die Ausstellungen orientieren sich an den Kunstwerken aus der Sammlung des Erzbistums Köln. Übrigens ist alleine schon das Gebäude mehr als einen Blick wert – von außen ebenso wie von innen. Denn die Architektur ist so schnörkellos, ungewohnt und gleichzeitig begeisternd, dass man das Museum zum zehnten Geburtstag fast ganz leer gezeigt hat. Die Besucher standen Schlange, um sich ein Museum nahezu ohne Kunstwerke anzusehen!

Zurück an der Kreuzung mit der Brückenstraße gehen wir nun rechts weiter und überqueren die mehrspurige Straße. Links von uns ist jetzt der **Offenbachplatz** mit der Oper, die seit 2012 saniert wird. Wie bei vielen Bauprojekten wird die Sanierung viel teurer und dauert deutlich länger als geplant. Derzeit heißt es, die Oper soll ab 2023 wieder genutzt werden können. Rechts, also gegenüber der Opernbaustelle, sehen wir das Stammhaus von **4711** **11**, also dem zweiten Duft-

4711

wasser, das für sich beansprucht, der Erfinder des Kölnisch Wassers zu sein. Der Name stammt aus dem späten 18. Jahrhundert: Als Köln 1794 französisch besetzt war, soll der Stadtkommandant befohlen haben, die Häuser zu nummerieren – und das Haus in der Glockengasse bekam die Nummer 4711. Oben in der Fassade befindet sich übrigens ein Glockenspiel: Zu jeder vollen Stunde ertönen von dort Lieder, und es bewegen sich Figuren dazu im Kreis.

Wir folgen weiter unserer Tour auf den Spuren des Glaubens. Dazu gehen wir vor der Oper über den Offenbach-Platz, der nicht der Stadt in Hessen gewidmet ist, sondern dem in Köln geborenen Komponisten Jacques Offenbach. Auf Höhe der Unterführung gehen wir rechts durch eine nicht immer ganz saubere Passage und landen so auf der Schildergasse, einer weiteren Einkaufsstraße, und zwar direkt vor Peek & Cloppenburg. Das Gebäude wird aufgrund seiner Form von den Kölnern gerne als „Walfisch" bezeichnet. Offiziell heißt es **Weltstadthaus** und wurde von Renzo Piano entworfen. Links von diesem architektonisch spannenden Komplex ist die evangelische Antoniterkirche. Neben ihr wurde das neue AntoniterQuartier gebaut, ein Gemeindezentrum, in das Gastronomie, Handel und Wohnungen integriert sind.

Gleich zwei Museen mit Schnittstellen zum Glauben.

Wir nehmen den schmalen Weg zwischen Antoniter-Quartier und Weltstadthaus und stoßen so auf die Cäcilienstraße. Sie überqueren wir an der Fußgängerampel. Vor uns ist jetzt die Kirche Sankt Cäcilien – etwas vom Lärm der Durchgangsstraße zurückgesetzt. Sie ist heute Teil des **Museums Schnütgen** **12** – der Eingang ist rechts von der Kirche in dem modernen Gebäude. Schwerpunkt der Sammlung ist die sakrale Kunst des Rheinlands. Direkt rechts neben dem Museum ist das **Rautenstrauch-Joest-Museum** **13** angesiedelt. Wer beide Museen besichtigen will, kann ein Kombiticket kaufen. Im Rautenstrauch-Joest-Museum geht es um Geschichte, Kultur und Kunst aus außereuropäischen Ländern. Ich bin bei jedem Besuch aufs Neue von der Vielfalt und der Präsentationsart im Museum begeistert. Besonders die Abteilungen „Religion" und „Tod und Jenseits" vermitteln sehr gut, wo die Unterschiede zu unserem Leben, Glauben und Sterben in Deutschland und Westeuropa liegen.

Folgen wir der Cäcilienstraße weiter, sind wir nach wenigen Metern am Neumarkt, einem Verkehrsknotenpunkt, an dem sich sowohl ober- als auch unterirdisch viele KVB-Linien kreuzen. Außerdem kommt man vom Neumarkt in die Einkaufsstraßen Schildergasse und Mittelstraße sowie zu den umliegenden Läden in den Nebenstraßen. Von der Cäcilienstraße kommend, gehen wir rechts. Heben wir den Kopf, sehen wir in der Höhe eine riesige **Eistüte.** Dieses Pop-Art-Objekt des Künstlers Claes Oldenburg bereichert Köln seit 2001.

Konrad-Adenauer-Denkmal und Sankt Aposteln

Wir folgen der Straße vor den Geschäften am Neumarkt, das heißt, wir umrunden im Prinzip den ovalen Platz. An seinem Ende stoßen wir auf ein weiteres Gotteshaus: Sankt Aposteln ist eine römisch-katholische Kirche. Schaut man an der Mauer nach oben, sieht man in der Höhe eine zugemauerte Tür. Sie soll früher auf die Stadtmauer geführt haben, die hier entlanglief. Vor der Kirche steht eine Skulptur, die **Konrad Adenauer 14,** dem ehemaligen Oberbürgermeister der Stadt, gewidmet ist. Wir gehen an der Kirche vorbei und dann links auf die Hahnenstraße zu. Diese überqueren wir und folgen ihr so lange nach rechts, bis wir den Rudolfplatz mit der Hahnentorburg erreichen. Hier orientieren wir uns an der Filialdirektion der Sparkasse Köln-

Dominikanerkloster

Bonn nach links: Eine schmale Straße, der Mauritiuswall, führt zwischen den Häusern hindurch auf die **Schaafenstraße.** Sie ist ein Treffpunkt der schwul-lesbischen Community mit Bars und Kneipen. Im Mauritiuswall findet im Advent üblicherweise die Heavenue statt, der schwule Weihnachtsmarkt. Er ist einer von vielen Weihnachtsmärkten, die über die ganze Stadt verteilt sind – allerdings besonders bunt und mit einem speziellen Programm für die Besucher.

Im Moment interessieren wir uns aber für andere Themen, darum gehen wir rechts weiter bis zur Kreuzung mit dem Habsburger-/Hohenstaufenring. Ihn überqueren wir und kommen so in die Lindenstraße. Dort sehen wir nach einiger Zeit links ein gelbes Gebäude. Das ist das katholische **Dominikanerkloster Heilig Kreuz** **15**. Falls die Tür sich öffnen lässt, sollten wir unbedingt eintreten, denn der Innenraum der Kirche hat eine unerwartet farbenfrohe Decke. Ich finde, der gesamte Raum strahlt Freude und Wärme aus. Die Brüder des Ordens sind vor allem in der Seelsorge aktiv, aber auch in der Lehre und Erwachsenenbildung.

An der nächsten Kreuzung biegen wir links in die Roonstraße ab. Hier erreicht man nach wenigen Minuten den Rathenauplatz mit der jüdischen **Synagoge** **16.** Das ursprüngliche Gebäude an dieser Stelle wurde in der Reichspogromnacht 1938 von Nationalsozialisten niedergebrannt. 1957 wurde mit dem Wiederaufbau der Synagoge begonnen. Heute findet dort unter anderem auch Religionsunterricht statt, es gibt eine Grundschule, eine Kindertagesstätte und ein koscheres Restaurant. Nach der Synagoge biegen wir links in die Beethovenstraße ab. So kommen wir zu einem kleinen Platz zwischen den Häuserschluchten. Hier sitzen gerne Anwohner auf den Bänken, in der Mitte ist ein kleiner Garten mit Büschen und Bäumchen hinter einem einfachen Lattenzaun. Das ist der **Yitzhak-Rabin-Platz** **17.** Der 1995 ermordete Yitzhak Rabin war Ministerpräsident Israels.

Jetzt verlassen wir das Zentrum.

Geradeaus erreichen wir wieder den Hohenstaufenring und gehen jetzt rechts. Am Zülpicher Platz ist rechts von uns, etwas hinter den Bäumen verborgen, die katholische Kirche Herz Jesu. Sie musste ebenfalls nach dem Krieg wiederaufgebaut werden. Weil wir aber noch viel vor uns haben, schauen wir sie nicht näher an, sondern überqueren den Hohenstaufenring und biegen in die schräg verlaufende schmalere Friedrichstraße. Wir gehen rechts, sobald wir dort Parkplätze und Bäume sehen, und überqueren hier die Neue Weyerstraße. So kommen wir in den Pantaleonswall. Links, in der Hausnummer 40 bis 48, sitzt die **Adventgemeinde Köln-Mitte** **18.** Das würde nicht auffallen, wenn nicht ein Banner am Haus auf die Freikirche der Siebenten-Tags-Adventisten in NRW aufmerksam machen würde. Die Adventisten sind eine protestantische Freikirche, deren Mitglieder daran glauben, dass Jesus wiederkommen und eine neue Erde schaffen wird.

Gehen wir links in die Pantaleonsmühlengasse und sofort rechts in die Michaelstraße, kommen wir an die Straße Am Weidenbach, die uns nach links zum Eingang der **Kirche Sankt Pantaleon** **19** bringt. Der Name wird übrigens mit „j" ausgesprochen, also „Pantaljon". Die ehemalige Benediktinerkirche ist auf einer römischen Villa gebaut. Deren Reste

Garten der Religionen

kann man in der Krypta noch sehen. Sankt Pantaleon ist eine der ältesten romanischen Kirchen in Köln. Seit 2020 wird sie renoviert.

Zurück auf der Straße Am Weidenbach, überqueren wir den Salierring und gehen dann rechts bis zur Trierer Straße. Ihr und bald den Bahngleisen folgend, erreichen wir eine Eisenbahnbrücke, unter der wir hindurchgehen. Nach der Brücke ist links die Gabelsbergerstraße. Nach wenigen Metern führt uns von ihr ein schmaler Weg rechts über eine Wiese bis zur Stolzestraße. Dort gehen wir links bis zur Hausnummer 1a. Hier sitzt In Via, der Katholische Verband für Mädchen- und Frauensozialarbeit. Im Innenhof ist der **Garten der Religionen 20.** Das ist ein unerwartet ruhiger Flecken inmitten der Großstadt. Hier können Besucher an zehn Stationen über ihre eigene Religion und die anderer nachdenken und bestenfalls auch mit Mitmenschen ins Gespräch darüber kommen. Der Garten ist von Montag bis Freitag tagsüber frei zugänglich. Ein Infoflyer liegt im Bistro Refektorium aus.

Garten der Religionen

Wenn wir wieder aus dem Garten herauskommen, gehen wir rechts auf die Gabelsbergerstraße zurück und dann links – also parallel zu den Bahngleisen. So kommen wir, die Luxemburger Straße überquerend, zum Bahnhof Süd. Dies wäre ein guter Punkt, um aus der Stadtwanderung auszusteigen, wenn man genug gesehen hat. Wer Lust hat weiterzugehen, folgt der Otto-Fischer-Straße um die Ecke und geht an ihrem Ende geradeaus über einen schmalen Fußweg in den **Grüngürtel.** Hier halten wir uns rechts. Die nächsten Kilometer werden eher ohne Sehenswürdigkeiten sein. Dafür können wir das üppige Grün um uns herum nutzen, um zu reflektieren, was wir bisher gesehen und erlebt haben.

Melaten-Friedhof

Wir gehen immer weiter geradeaus, überqueren die Zülpicher Straße und kommen an der Mensa und vielen anderen Gebäuden der Universität vorbei. Nachdem wir auch über die Bachemer Straße gegangen sind, kommen wir in den Hiroshima-Nagasaki-Park. Von seinem kleinen Hügel aus haben wir einen guten Blick über den Aachener Weiher bis hin zur Aachener Straße. Im Sommer ist der Park besonders bei jungen Menschen beliebt, um zu chillen, zu grillen oder auch zu feiern.

Wir nähern uns jetzt unseren letzten drei Sehenswürdigkeiten auf dieser Tour. Dazu müssen wir die Aachener Straße überqueren. Die KVB-Haltestelle Universitätsstraße wäre ebenfalls ein guter Punkt, um die Tour frühzeitig zu beenden – oder um für die letzten Meter einzusteigen. Nach der Haltestelle gehen wir links, das heißt, wir überqueren auch die Innere Kanalstraße und gehen stadtauswärts auf eine Mauer zu. Sie umrandet den **Melaten-Friedhof 21**, also den Zentralfriedhof von Köln. Er wurde in der französischen Besatzungszeit nach dem Vorbild des Pariser Friedhofs Père Lachaise angelegt. Der Friedhof ist äußerst beliebt bei den Anwohnern, um einen kurzen Ausflug ins Grüne zu machen. Denn hier stehen hohe, alte Bäume, es gibt moderne Grabanlagen mit bunten Blumen, historische Grabsteine – und auch einiges Amüsantes zu sehen. So steht beispielsweise auf einem Grab ein Karnevalsjeck – typisch Köln eben. Auf Melaten sind außerdem viele bekannte Menschen begraben, beispielsweise der ehemalige Bundesaußenminister Guido Westerwelle, der Theaterschauspieler Willy Millowitsch, der Komiker und Schauspieler Dirk Bach oder der Schriftsteller Heinz G. Konsalik.

Geht man an der Mauer entlang stadtauswärts, erreicht man eines der Eingangstore. Nun könnte man auf dem Friedhof Stunden verbringen, doch die Zeit haben wir heute nicht mehr. Wir folgen darum dem Weg vom Eingangstor zunächst geradeaus. Um einen Eindruck von der Vielseitigkeit des Friedhofs zu bekommen, gehen wir den ersten schmalen Weg nach links und laufen unter den hohen Bäumen weiter. An der zweiten Kreuzung erreichen wir eine geteerte Straße. Links

Ditib Zentralmoschee

von uns ist jetzt der Haupteingang, rechts von uns ein Kreuz. An diesem gehen wir links vorbei und sehen auf der linken Seite die Grabstelle der Familie Imhoff, die seinerzeit die **Schokoladenfirma Stollwerck** geführt hat. Hinter dem Kreuz gehen wir noch eine Straße weiter bis zu einem weiteren Platz. Links steht eine kleine Kapelle, die Grabstätte von Sophia Czory, der „Königin der Roma", eine Roma-Clan-Chefin. Zu ihrem Todestag pilgern jährlich viele Angehörige hierhin.

An der nächsten Ecke stoßen wir auf die sogenannte Millionenallee mit den prunkvollsten Gräbern auf dem Friedhof. Wir folgen ihr nach rechts Richtung Stadtmitte. An ihrem Ende verlassen wir den Friedhof und gehen links an der Friedhofsgärtnerei vorbei in die Piusstraße. Dann überqueren wir die Weinsbergstraße und biegen wenig später rechts in die Barthelstraße ein. Diese gehen wir bis zum Ende und dann entlang der viel befahrenen Inneren Kanalstraße links. Nach der

Vogelsanger Straße kommen wir genau auf die **Ditib Zentralmoschee** 22 zu. Der moderne Bau gehört längst ins Kölner Panorama – auch wenn seine Errichtung und Eröffnung durch den türkischen Staatspräsidenten Recep Tayyip Erdogan umstritten waren. In dem Gebäudekomplex links der eigentlichen Moschee ist unten eine kleine Einkaufspassage. Wer die große Treppe vor der Moschee hinaufgeht, sieht rechts in der Ecke schnell, ob sie geöffnet ist oder nicht. Interessierte können in diesem Fall das Sicherheitspersonal fragen, ob sie hineindürfen. Dazu muss man die Schuhe ausziehen. Männer bleiben dann unten im großen Gebetsraum, Frauen gehen die Treppe nach oben.

Gedenktafel der Ehrenfelder Synagoge

Jetzt sind wir fast am Ende unserer Tour. Auf der wuseligen Venloer Straße gehen wir jetzt noch einige Meter stadtauswärts, biegen rechts in die Franz-Geuer-, links in die Pellenzstraße ab, gehen an deren Ende nochmals rechts in die Simrock- und links in die Stammstraße und erreichen so die Körnerstraße. Diese Straße lernen wir bei unserer Tour Kunterbuntes Ehrenfeld (Seite 68) näher kennen. Heute gehen wir nur noch schnell rechts bis zum Hochbunker. Er ist aber gar nicht unser Ziel, sondern das Haus links davor. Dort ist nämlich etwas versteckt von einem Busch eine Erinnerung an die **Ehrenfelder Synagoge** 23 angebracht, die von den Nationalsozialisten ebenfalls zerstört worden war.

Folgen wir der Körnerstraße weiter, erreichen wir die Subbelrather Straße. Hier können wir zur Haltestelle Liebigstraße gehen und mit der Bahn wieder in die Stadt fahren.

5 KUNTERBUNTES EHRENFELD

Start: Alpenerplatz, 50825 Köln (GPS: 50.95577, 6.90638)
Ziel: Odonien, Hornstraße 85, 50823 Köln
Länge: ca. 7 Kilometer
Dauer: ca. 2 Stunden
ÖPNV: Haltestelle Leyendeckerstraße, Stadtbahn 3, 4;
Rückkehr zum Ausgangspunkt: Haltestelle Schirmerstraße, Bus 142 bis Venloer Straße/Gürtel, dann Stadtbahn 3, 4.
Ein- und Ausstiegspunkt unterwegs: Haltestelle Liebigstraße
Parken: am Straßenrand

Unterwegs entdeckt:

1 Helios Turm
2 Bahnhof Ehrenfeld
3 Ditib Zentralmoschee
4 Bunker K 101
5 Pascha
6 Odonien

Essen + Trinken:

Die Tour führt zu einem guten Teil über die Venloer Straße.
Hier gibt es sehr viele Imbisse, Cafés, Bars und einige Restaurants.

Im ehemaligen Industrie- und Arbeiterviertel

Nein, „schön" ist ganz sicher nicht der richtige Begriff für den Kölner Stadtteil Ehrenfeld. Hier ist es laut, schmutzig, eng und einiges mehr, was man nicht unbedingt mit Schönheit in Verbindung bringen würde. Gleichzeitig gehört Ehrenfeld zu den Stadtteilen in Köln, in denen die Immobilienpreise in den vergangenen Jahren sehr deutlich gestiegen sind. Es ist also ein Kölner Veedel, das mitten im sogenannten Gentrifizierungsprozess steckt: Viele Häuser werden saniert und umgebaut – was zur Folge hat, dass sich Ältere, Kreative und junge Familien das Wohnen dort häufig nicht mehr leisten können. Der Zuzug einer wohlhabenderen Bevölkerung verändert jedoch auch das Angebot an Dienstleistungen und Produkten. Ehrenfeld steckt mitten in diesem Prozess – mit allen seinen Problemen. Das macht den Stadtteil besonders spannend.

Unsere Tour beginnt auf der Venloer Straße in Höhe des Alpenerplatzes. Die Venloer Straße ist mit über 8 Kilometern Länge bis zur Stadtgrenze eine der längsten Ausfallstraßen in Köln. Sie zieht sich vom Friesenplatz im Zentrum durch Ehrenfeld und noch weiter. Für den Stadtteil ist sie eine Art **Lebensader,** denn hier gibt es besonders viele Geschäfte, Bars, Cafés, Arztpraxen und Friseure.

Am Alpenerplatz sind wir schon ein bisschen außerhalb, sodass man beim Spaziergang Richtung Zentrum sieht und erlebt, wie sich die Straße verändert. Ich empfehle, eine größere Tasche mitzunehmen, denn bei dieser Tour kommen wir an vielen netten Läden vorbei, in denen es sich lohnt einzukaufen. Der erste liegt allerdings wenige Meter in die Gegenrichtung, also stadtauswärts, auf der linken Seite: Schamong Kaffee. Der Familienbetrieb eröffnete seinen ersten Laden 1949 im Veedel, kölsch für Viertel. Seit 2011 ist er an der Venloer Straße 535. Ein Team aus Familienmitgliedern leitet ihn in der dritten Generation. **Schamong Kaffee** hat sich im Laufe der Jahre an die Bedürfnisse der Kunden angepasst, 2019 wurde die Kaffeerösterei „Röster des Jahres". Hier gibt es beispielsweise die Sorten Kölner Melange, Ehrenfeld Spezial oder Helios Blend.

Schamong

Colonius

Nach unserem Stopp machen wir kehrt und gehen die Venloer Straße stadteinwärts, also Richtung **Colonius.** Das ist der Fernsehturm und eines der Kölner Wahrzeichen. Wir kommen an vielen Läden vorbei: Friseure, Kioske, Waschsalons oder Änderungsschneidereien. Allerdings ist Ehrenfeld auch bekannt für seine Kreativen. Und darum gibt es hier auch ein Geschäft, in dem man sich beispielsweise Alltagskleidung leihen kann. Ein Designlabel, das ebenfalls an der Venloer Straße einen Laden hat, heißt sogar wie der Stadtteil: „Ehrenfeld Apparel".

Auf Höhe der KVB-Haltestelle Leyendeckerstraße erreichen wir die Braustelle, eine der kleinsten Brauereien in Köln. Hier wird **Craftbeer** gebraut und Whiskey, Gin und noch einiges mehr hergestellt. Natürlich fehlt auch hier nicht der Bezug zum Stadtteil: So gibt es beispielsweise den Helios Tripelbock. Zur Brauerei gehört eine kleine Gaststätte mit bodenständigem Essen. In direkter Nachbarschaft zur Braustelle gibt es einen kleinen Laden mit polnischen Spezialitäten. Auch türkische Produkte bekommt man in diesem Stadtteil problemlos, genauso wie portugiesische, italienische oder afrikanische. Ehrenfeld ist nämlich bekannt dafür, besonders international zu sein. 2019 lag der Anteil der Bewohner mit Migrationshintergrund laut Stadt Köln bei über 36 Prozent, 133 Nationen sind im Veedel vertreten.

Bei unserem Spaziergang Richtung Stadtmitte kommen wir als Nächstes am **Bürgerzentrum Ehrenfeld** vorbei, zu erkennen an der langen Mauer mit den tollen Gemälden darauf: Da ist in dichtem Grün beispielsweise ein riesiger Marienkäfer unter einer Lupe zu sehen. Hinter der Mauer sind der Leo-Amann-Park mit einem Spielplatz und natürlich das Bürgerzentrum selbst. Es versteht sich als soziokulturelles Zentrum und bietet beispielsweise Nachbarschaftshilfe, Tanz- oder

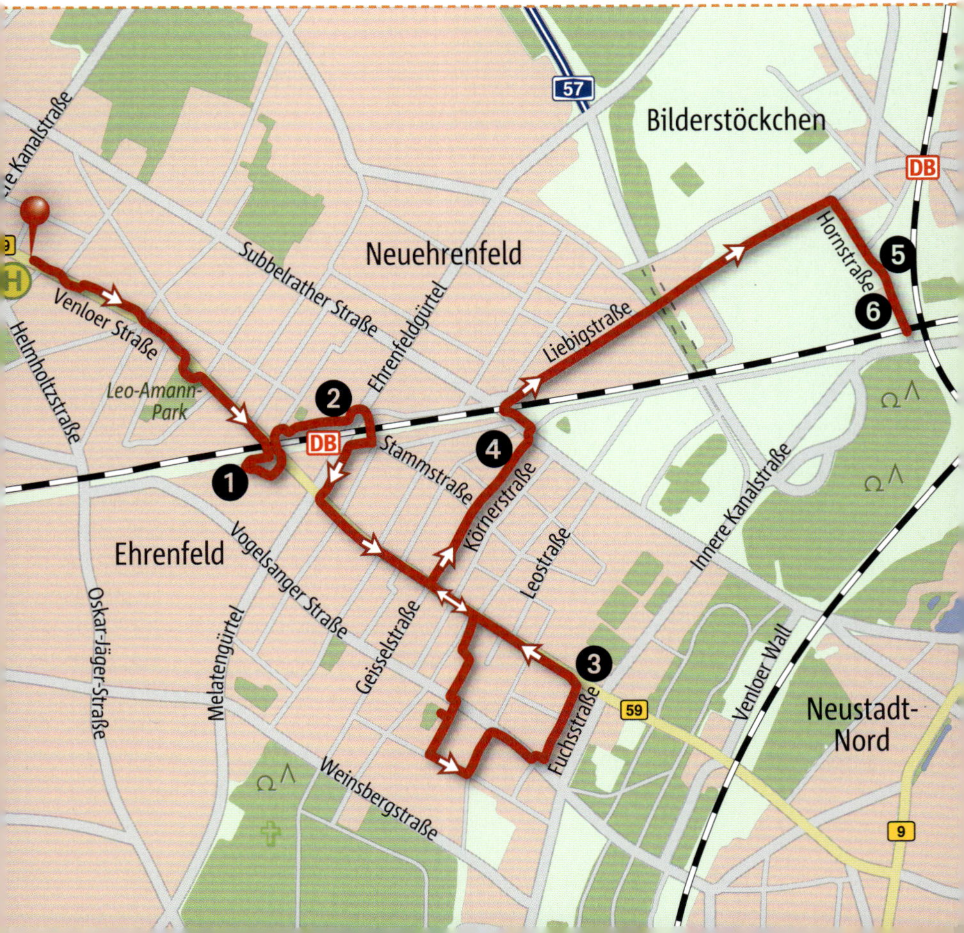

Bürgerzentrum Ehrenfeld

Nähkurse sowie besondere Veranstaltungen für Eltern mit Kind, Menschen mit Behinderung, Geflüchtete oder Senioren.

Auf Höhe des Bürgerzentrums beginnt jetzt auch die Ausgehmeile: Kneipen reihen sich an Restaurants, Cafés an Bars. Nach der Eisenbahnbrücke gehen wir rechts und sehen vor uns einen Leuchtturm. Mitten in Ehrenfeld – und weit weg vom nächsten Hafen. Das ist der **Heliosturm 1.** Er gehörte zur Helios AG, die 1882 in der damals noch unabhängigen Industriestadt Ehrenfeld gegründet wurde. Sie stellte unter anderem Generatoren, Transformatoren und Glühlampen her – und sie baute Leuchttürme. Der Ehrenfelder Turm diente Testzwecken, war aber natürlich auch Werbung für die Helios AG. Spätestens jetzt wissen wir auch, warum es in der Braustelle ein Bier und bei Schamong Kaffee mit „Helios" im Namen gibt.

Ehrenfeld steht auch für Urban Art.

Ehrenfeld ist übrigens auch bekannt für seine **Urban Art.** Während es leider viele unnötige Graffitikritzeleien an den Hausfassaden gibt, kann man hier auch höchst professionelle Mauerkunstwerke bestaunen. Die Begrenzung der Heliosstraße, die uns am Bahndamm entlang zum Turm führt, ist ein erster Vorgeschmack auf das, was wir noch sehen werden. Wer sich für Street Art begeistert, kann diese Straße weitergehen und sich an der Vogelsanger Straße rechts halten: Dort gibt es auch einige ganz kleine oder nicht so bekannte Kunstwerke. Aber auch auf unserer Tour werden wir noch einige sehen.

Wir biegen nämlich vor dem Heliosturm links ab und gehen an der Schranke vorbei und über den großen Parkplatz. Rechts von uns ist ein großes Gebäude, das ist die ehemalige Maschinenhalle der **Helios AG.** Aus ihr wurde die Rheinlandhalle, ein Veranstaltungsort mit Radrennbahn. Dort fand 1928 das erste Kölner Sechstagerennen statt. 1957 wurde sie erneut umgebaut – und zwar zum ersten deutschen Supermarkt nach US-amerikanischem Vorbild, also mit vielen Parkplätzen, Verkaufs- und Kühlregalen.

Urban Art

Wir gehen aber eher nach links weg, sodass wir wieder auf die Venloer Straße kommen. Dabei fällt uns der niedrige Imbiss mit dem hohen Schornstein auf, das **Kebapland.** Nicht, dass es in Ehrenfeld sonst keine Möglichkeiten gäbe, Döner, Gyros, Pommes und Ähnliches zu kaufen. Aber: Das Kebapland wurde zum Kult-Imbiss, als Jan Böhmermann, Satiriker und Moderator des ZDF Neo Magazin Royale, es auf Twitter und in der Show erwähnte. Die Bild- und Tonfabrik, die die Show bis 2019 produzierte, sitzt natürlich auch in Köln-Ehrenfeld. Folge des Kultfaktors: Wer hier am späten Abend oder sehr frühen Morgen vorbeikommt, wird eigentlich immer eine lange Schlange von Kunden vor der Tür sehen.

Bahnhof Ehrenfeld

Wieder auf der Venloer Straße halten wir uns links und gehen zurück zur Bahnunterführung. Bevor wir sie erreichen, werfen wir einen Blick auf das Haus links von uns: Das Helios-Haus ist das ehemalige Verwaltungsgebäude der Helios AG und hat eines der schönsten **Treppenhäuser** in der ganzen Stadt, wie ich finde. Die Tür des Ärztehauses ist üblicherweise offen. Wer also kurz eintritt, um nur schnell ein Foto zu machen, wird niemanden stören.

Nach der Bahnüberführung biegen wir rechts in die Schönsteinstraße ein und stoppen sofort: Hier ist die Gedenkstätte für die **Edelweißpiraten.** Die Edelweißpiraten waren eine Gruppe Jugendlicher, die sich den Nationalsozialisten widersetzten. Köln galt ab etwa 1942 als Zentrum der Gruppe. Im November 1944 wurden 13 Mitglieder der Ehrenfelder Gruppe in der Schönsteinstraße/Bartholomäus-Schink-Straße, die damals noch Hüttenstraße hieß, von den Nationalsozialisten ermordet. Bartholomäus oder Barthel Schink war Mitglied der Edelweißpiraten – und er war 16 Jahre alt, als er aufgehängt wurde. Das war nicht die einzige Hinrichtung dieser Art an diesem Ort: Im Dokumentationszentrum Topographie des Terrors in Berlin beispielsweise gibt es einige Fotografien, die den Galgen mit daran hängenden Leichen und davorstehenden Nationalsozialisten zeigen.

Folgen wir dem Bahndamm weiter, kommen wir an den ersten Aufgang zum **Bahnhof Ehrenfeld 2.** Der Tunnel ist komplett mit einem Graffiti bemalt, das an die industrielle Vergangenheit des Viertels erinnert. Auf der rechten Seite ist außerdem dem Investigativjournalisten und Buchautor Günter Wallraff ein Bild gewidmet. Er lebt übrigens auch in Ehrenfeld. Zurück auf der Bartholomäus-Schink-Straße gehen wir weiter an den Bahnbögen entlang. Sie sind seit Jahren ein Ärgernis in Köln. Denn eigentlich sollten hier schon lange Gewerbe, Dienstleister oder Gastronomie einziehen. Doch weil es von der Decke tropft und die Behebung dieses Problems wohl kompliziert und teuer ist, passiert seit über einem Jahrzehnt – nichts. Sie sehen darum aus wie eine Mischung aus Dauerbaustelle und urbaner Kultur.

An der Fußgängerampel überqueren wir den Ehrenfeldgürtel. Auf der anderen Seite ist der zweite Eingang zum Bahn-

Gedenkstätte

4711

hof Ehrenfeld, der ebenfalls durchgehend mit Graffiti gestaltet ist. Wer zunächst einige Meter weiter am Bahndamm entlanggeht, kommt zu einem der afrikanischen Supermärkte. Unsere Tour führt jedoch durch die Bahnunterführung. Auf der anderen Seite sind die Mauern rechts und links am Bahndamm voll mit Street Art. Nachdem wir den **Kunstwerken** genügend Aufmerksamkeit gewidmet und alle Details gesehen haben, gehen wir zum Ehrenfeldgürtel und dann links.

Die Venloer Straße bietet alles, was man braucht.

An der Kreuzung biegen wir links wieder in die Venloer Straße ein. Jetzt sind wir mittendrin im Getümmel. Die Bürgersteige sind eigentlich zu schmal, um die Menschenmengen zu fassen, und Fahrradfahrer und Autos scheinen sich in einem steten Kampf miteinander zu befinden. Auf der **Venloer Straße** gibt es alles, was die Ehrenfelder so brauchen: Reisebüros, Apotheken, Friseure, Supermärkte, Telefonläden, Billigkleidung, Spielhallen oder Brillenläden. Es lohnt sich, von der Venloer Straße ab und zu rechts und links in die Seitenstraßen zu schauen oder auch abzubiegen. Denn dort sind ebenfalls Cafés, Bars und viele kleine, individuelle Läden. Beispielsweise gibt es in der Geisselstraße eine Bonbonmanufaktur oder in der Thebäerstraße eine Gin-Bar. Bevor wir diese beiden Straßen erreichen, sehen wir aber rechts zuerst die Neptunstraße, die auf den gleichnamigen Platz führt. An seinem Ende ist das Neptunbad, früher eine Badeanstalt, heute ein Fitnessstudio mit einer der schönsten Saunaanlagen der Stadt.

Zurück auf der Venloer Straße werfen wir einen Blick auf das Eckhaus, in dem die Sparkasse eine Filiale hat. Eine leicht zu übersehende Plakette erinnert daran, dass hier einst August Horch begann, seine Automobile zu entwickeln. Das Ergebnis kennen alle: Es heißt Audi. Auf der anderen Straßenseite, rechts neben der Kirche, in der Wahlenstraße ist das Saudade, ein portugiesisches Weinlokal, in dem es auch Kleinigkeiten zu essen gibt. Weiter geradeaus auf der Venloer Straße erreichen wir das **Barthoniaforum.** Hier stellte die Kölnisch-Wasser-Fabrik Ferd. Mülhens früher ihre Produkte her. Darum prangt das 4711-Logo noch auf dem Dach des denkmalgeschützten Hauses, in dem heute Büros, ein Hotel und Studentenwohnungen untergebracht sind. Gegenüber des 4711-Hauses befindet sich das Haus Scholzen. Die Gaststätte gibt es seit 1907, hier wird gutbürgerliche Küche serviert. Echte Kölner sagen gerne: „Wenn man sich etwas Gutes gönnen möchte, geht man ins Haus Scholzen."

Barthoniaforum

Körnerstraße

Wir überqueren den Platz zwischen dem 4711-Haus und dem großen Gebäude auf der rechten Seite und halten uns dann links. Gegenüber dem Spielplatz gehen wir rechts durch den Innenhof. Auf der anderen Seite, nach der Schranke, kommen wir auf die Vogelsanger Straße. Hier gehen wir wenige Meter nach links und biegen rechts sofort in die Roßstraße ein. Auf der rechten Seite sehen wir jetzt den kleinen **Kwatta-Park.** Hier gibt es Tischtennisplatten und Bänke, um gemeinsam eine gute Zeit zu verbringen.

Das große dunkelrote Haus links neben dem Park hat ihm übrigens seinen Namen gegeben: Hier war nämlich Anfang des vergangenen Jahrhunderts die Kwatta Schokoladenfabrik in die Gebäude einer ehemaligen Brauerei gezogen. Kwatta gehört heute zu Heinz, die Marke gibt es zumindest in Belgien noch. In den ehemaligen Produktionsräumen sind seit vielen Jahren Wohnungen und Studios. Wir gehen die Roßstraße weiter und dann links in die Barthelstraße. An der Piusstraße biegen wir wieder links ab – hier stoßen wir übrigens auf die letzten Meter der Tour zu den Glaubensorten (Seite 48).

Zurück auf der Vogelsanger Straße halten wir uns jetzt rechts. Links hinter dem Supermarktparkplatz sehen wir unser nächstes Ziel: die **Ditib-Zentralmoschee 3.** Um sie zu erreichen, gehen wir bis zur großen Kreuzung, dann nach links in die Fuchsstraße und über die Stuppstraße bis zur Venloer

Straße. Jetzt ist die **Moschee** rechts vor uns. Sollte oben, also am Ende der breiten Treppe, die Tür zum Gebetsraum geöffnet sein, lohnt es sich zu fragen, ob man eintreten darf. Die Moschee ist auch von innen äußerst sehenswert mit ihren großen Fenstern und den weißen und goldenen Schriftzügen und Ornamenten.

Zurück auf der Venloer Straße gehen wir jetzt nach rechts weiter, also stadtauswärts. Wir kommen wie so oft in diesem Viertel an einigen bunten, manchmal auch beschmierten Hauswänden vorbei. Es lohnt sich allerdings häufig, genauer hinzusehen. Denn oft versteckt sich darunter anspruchsvolle Street Art, die durchaus auch sehr politisch und aktuell sein kann. Ansonsten kommen wir auf unserem Weg jetzt vorbei an Weinläden, Friseuren, Supermärkten, Restaurants und Cafés. Erst an der **Körnerstraße** biegen wir wieder rechts ab. Die Körnerstraße hat in Ehrenfeld eine Art Kultstatus. Denn hier organisiert die Nachbarschaft zusammen beispielsweise das jährliche Sommerstraßenfest und einen Wochenendweihnachtsmarkt. In der Straße hängen außerdem fast immer Fähnchen quer über die Straßen, es gibt besonders viele begrünte Baumscheiben, Bänke vor den Häusern, einen Bücherschrank oder ein Schwarzes Brett für die Gemeinschaft.

Ditib-Zentralmoschee

Aber auch der Handel gedeiht hier: In der Körnerstraße gibt es beispielsweise einen der ersten Unverpackt-Läden in Deutschland. Außerdem verkauft hier schon seit Jahrzehnten ein türkischer Metzger sein Fleisch. Seinen etwas versteckten Laden hat er in eine kleine Markthalle integriert, in der es auch Käse gibt, Obst und Gemüse und mediterrane Snacks. Zusätzlich ist hier die IMI Winery, die 2020 über ein Crowdfunding so viel Geld gesammelt hat, dass sie ihre Trauben aus der Pfalz jetzt in einer entsprechend

K101

ausgerüsteten Halle in Köln zu Wein verarbeiten kann. Neben Wein werden hier antike Möbel angeboten, Hanfprodukte, Kaffee, Kleidung und vieles mehr. In einem Pop-up-Store wechseln außerdem alle paar Monate die Mieter. Ihr Ziel ist es, herauszufinden, ob sich für ihre Geschäftsidee ausreichend zahlende Kunden finden.

Am Ende der Straße ist schließlich auf der linken Seite der ehemalige Hochbunker. Hier, im **K 101 4**, finden in unregelmäßigen Abständen Kunstausstellungen statt. Meistens ist der Eintritt frei. Wenn die Türen geöffnet sind, lohnt es sich auch hier, einfach einzutreten. Das Gebäude an sich ist schon einen Besuch wert, aber auch die Ausstellungen sind oft spannend.

Auf der Subbelrather Straße ist dann die Haltestelle der Linie 5. Wer keine Lust mehr auf Ehrenfeld hat, fährt hier ins Zentrum zurück. Alle anderen gehen nach der Eisenbahnbrücke rechts. Hier, an der Liebigstraße/Overbeckstraße, ist direkt auf der linken Seite seit sehr vielen Jahren ein gutsortierter afrikanischer Supermarkt: Okraschoten, Maniok oder scharfes Ginger Beer findet man hier genauso wie Kosmetikprodukte, Perücken und viele andere Dinge. Auf der Liebigstraße, nur wenige Meter weiter, ist die Sozialistische Selbsthilfe Köln, die in einer großen Halle Second-Hand-Ware vertreibt.

Wir folgen der Liebigstraße. Wenn wir an einem kleinen Park ankommen, sind wir mitten in einem portugiesischen

Viertel: Zu Fußballmeisterschaften hängen portugiesische Fahnen, und man jubelt, wenn Portugal ein Tor geschossen hat. Außerdem gibt es portugiesische Restaurants und ein Café mit Pasteis de Nata. Im Umland lebende Portugiesen kommen hier gerne hin, weil die Gastronomie hervorragendes authentisches Essen auf den Tisch bringen soll. Besonders schön oder gar stylish ist dieser Teil Kölns allerdings nicht. Schräg gegenüber vom Restaurant Vasco da Gama, sehr unscheinbar und etwas versteckt in einem zurückgesetzten Haus, ist auch ein kleiner portugiesischer Supermarkt.

Markthalle

Hier wäre ein guter Punkt, um die Route zu beenden. Es gibt aber noch einen außergewöhnlichen Ort, den ich Ihnen nicht vorenthalten möchte. Dazu gehen wir weiter die Liebigstraße entlang. Rechts von uns liegt der ehemalige **Schlachthof.** Tiere werden dort aber schon lange nicht mehr geschlachtet. Was genau mit dem Gelände passieren wird, ist noch nicht klar. Es gibt immer wieder Pläne, dort ein neues Wohnquartier anzulegen. Auf der Liebigstraße durchqueren wir übrigens, aus dem Stadtteil Neuehrenfeld kommend, den äußersten Zipfel von Bilderstöckchen, das schon zum Bezirk Nippes gehört. Im Vergleich zu Ehrenfeld und Nippes ist dieser Stadtteil noch recht weit davon entfernt, als gentrifiziert zu gelten. Allerdings wird, wenn Sie dieses Buch in den Händen halten, links von der Liebigstraße mindestens eine große Baustelle sein, möglicherweise stehen auch schon neue Wohnhäuser. Denn das ehemalige Gelände eines Autohändlers wird neu gestaltet mit Stadthäusern, Eigentumswohnungen und Läden.

Pasteis de Nata

Odonien

Wer auf der Liebigstraße geradeaus weitergeht, erreicht den Bahnhof Nippes. Links davon, in der Escher Straße, ist die Bäckerei Wiens. Dort sollten wir uns noch ein Stückchen Kuchen mitnehmen. Meine Erfahrung ist: Man kauft dort meistens mehr, als man braucht. Vom Bahnhof Nippes ist man dann mit der S-Bahn relativ schnell wieder am Hauptbahnhof.

Wir biegen jedoch für die letzten Meter nochmals rechts in die Hornstraße ab. Sie ist wahrlich keine Schönheit. Auf der rechten Seite sieht man noch die Bebauung des alten Schlachthofes, auf der linken Seite sind ein Discounter und eine Spielhalle. Direkt ins Auge fällt außerdem ein großer blauer Klotz. Dort war bis 2020 das **Pascha 5,** Europas größtes Laufhaus. Durch die Corona Pandemie ist es finanziell in Schräglage gekommen und wurde schließlich im Februar 2021 verkauft. Wie es mit dem Gebäude weitergeht, war bei Redaktionsschluss noch nicht bekannt. Gegenüber ist übrigens ebenfalls ein Bordell.

Pascha

Wir gehen zwischen den beiden Freudenhäusern hindurch und erreichen so auf der rechten Seite **Odonien 6.** Hier hat der Künstler Odo Rumpf einen äußerst ungewöhnlichen Veranstaltungsort geschaffen. Im Sommer gibt es hier einen Biergarten, aber auch Flohmärkte, Lesungen, Theater, Konzerte oder Raves. Sind die Tore geöffnet, sollte man auf jeden Fall zum Abschluss der Tour dort etwas trinken.

Wer von hier auf die Innere Kanalstraße geht, schneidet die Grüne-Lunge-Tour (Seite 22). Um den ÖPNV zu erreichen, ist es sinnvoller, zurück zur Liebigstraße und zum S-Bahnhof Nippes zu gehen.

6 IM KÖLNER SÜDEN

Start: Heinrich-Lübke-Ufer, 50996 Köln (GPS: 50.90013, 6.98510)
Ziel: Hauptstraße, 51143 Köln
Länge: ca. 13 Kilometer
Dauer: ca. 3 Stunden
ÖPNV: Haltestelle Heinrich-Lübke-Ufer, Stadtbahn 16, 17, 18;
Rückkehr zum Ausgangspunkt: Haltestelle Zündorf, Stadtbahn 7
bis Neumarkt, dann Stadtbahn 16
Ein- und Ausstiegspunkt unterwegs: Haltestelle Ritterstraße, Bus 134
Parken: P&R Parkplatz an der KVB-Haltestelle Heinrich-Lübke-Ufer

Unterwegs entdeckt:

1 Finkens Garten
2 Forstbotanischer Garten
3 Friedenswald
4 Groov

Essen + Trinken:

Lokale auf der Groov am Ende der Wanderung. Diese Strecke bietet sich aber auch für ein mitgebrachtes Picknick an, da sie durch viel Natur führt.

Viel Grün

Parks, Gärten, das Rheinufer – der Kölner Süden ist grüner, als man von einer Millionenstadt denken würde. Bei dieser Tour verbinden wir die schönsten Flecken im Kölner Stadtbezirk Rodenkirchen, indem wir von Marienburg über Sürth nach Weiß wandern. Zum Abschluss nehmen wir noch die Fähre und enden in Köln-Zündorf, also im Stadtbezirk Porz.

Unsere Tour beginnt an der KVB-Haltestelle Heinrich-Lübke-Ufer. Von dort gehen wir auf den Rhein zu und halten uns hier rechts, also stadtauswärts. In der Mauer, die die Straße vom Rheinufer trennt, gibt es immer wieder Durchgänge: Schmale Treppen führen nach unten. Und weil es am Rhein schöner als an der Straße ist, gehen wir also zum Wasser hinab und unter der **Rodenkirchner Brücke** hindurch. Wir bleiben aber nicht lange am Fluss, sondern nehmen bald rechts die Treppe wieder nach oben. Wir überqueren die Hauptstraße und kommen so auf die Brückenstraße, die hier einen weiten Bogen macht. **Rodenkirchen** ist ein Stadtbezirk, in dem die Immobilienpreise vergleichsweise hoch sind. Hier wohnen dementsprechend Menschen, die es sich leisten können. Das sieht man auch an den Autos am Straßenrand: Hier parken mehr teure Wagen als in anderen Teilen der Stadt. Die Bebauung ist außerdem kleinteiliger als in den meisten anderen Vierteln: Zwar gibt es auch hier Mehrfamilienhäuser, doch es leben nicht so viele Parteien unter einem Dach wie beispielsweise oft in Nippes, Ehrenfeld oder gar Chorweiler. Außerdem sind viele der Häuser von großzügigen Gärten umgeben.

Rodenkirchener Brücke

Finkens Garten

Wir biegen rechts in die Frankstraße ab. Sie führt uns am Alten Friedhof Rodenkirchen vorbei weiter durch ein Wohngebiet. Am Ende der Frankstraße unterqueren wir die schräg über uns verlaufende A4 nach rechts. Direkt danach halten wir uns links. Auf der rechten Seite ist eine Sportstätte des TSV 06 Rodenkirchen. Wir gehen geradeaus weiter. Mitten zwischen zwei verkehrsreichen Schnellstraßen und unterlegt vom Getöse der Autos ist hier ein grünes Fleckchen Erde. Allzu groß ist es nicht, daher müssen wir es leider bald schon wieder verlassen, um unsere Tour fortsetzen zu können: An der ebenfalls viel befahrenen Straße Zum Forstbotanischen Garten gehen wir links und folgen ihr ein relativ langes Stück. Für heute ist dies der hässlichste Abschnitt der Stadtwanderung – und nachdem wir erneut die A4 unterquert haben, sind wir unseren beiden ersten Zielen schon sehr nah.

An der Kreuzung mit der Friedrich-Ebert-Straße müssen wir links gehen, um einen Abstecher zu **Finkens Garten** 1 zu machen: Seine Betreiber bezeichnen ihn als Naturerlebnisgarten. Schon vor langer Zeit gab es hier eine Baumschule und eine Staudengärtnerei. Heute kommen hauptsächlich Kindergruppen, um dort mehr über die Natur zu erfahren. Aber auch Erwachsene sind willkommen und verbringen hier gerne ihre Zeit: Auf dem Gelände gibt es beispielsweise eine Vogelbeobachtungshütte, einen Handtastgarten und ein Bienenhaus. Das Tor ist von morgens bis zum Sonnenuntergang geöffnet, der Eintritt ist frei.

Nach unserer kurzen Runde durch Finkens Garten gehen wir die wenigen Meter zurück zur Kreuzung. Dort überqueren wir die Straße Zum Forstbotanischen Garten. Auf der anderen Seite gehen wir wenige Meter nach links, dann führt uns der erste Weg rechts direkt zum Eingang des **Forstbotanischen Gartens** 2. Dort kann man sehr viel Zeit verbringen, denn hin-

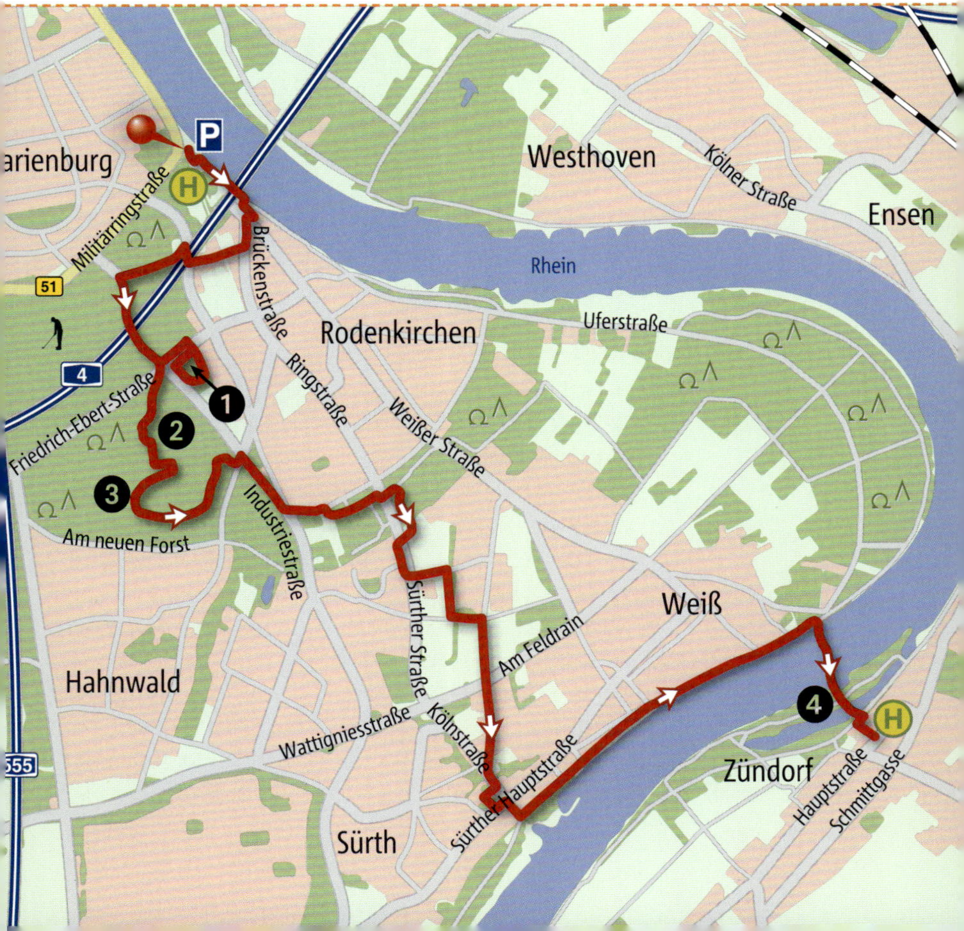

Forstbotanischer Garten

Friedenswald

ter jeder Ecke erwartet die Besucher eine andere botanische Überraschung. Hier gibt es beispielsweise eine Pfauenwiese, einen Mammutbaum-Wald und japanische Pflanzen. Denn im Forstbotanischen Garten wurden Anfang der 1960er-Jahre Sträucher, Bäume und Stauden aus vielen fernen Ländern gepflanzt. Da wir heute aber auf einer längeren Tour sind, folgen wir den Schildern Richtung Friedenswald – nicht ohne uns auf unserem Weg an den vielfältigen Pflanzen zu erfreuen.

Sobald wir den **Friedenswald 3** erreicht haben, gehen wir links und dann den ersten Weg rechts. Dieser führt uns einmal um das Gelände herum. Auch hier kommen wir an exotischen Bäumen vorbei wie beispielsweise an einer ungarischen Eiche, einem Silbereschenahorn aus Uganda oder einer Zierkirsche aus Ruanda. Sie stehen stellvertretend für die diplomatischen Beziehungen, die Deutschland zu den jeweiligen Ländern hat.

Über die Parkplatzzufahrt verlässt man dann den Friedenswald und geht zur Industriestraße. Ihr folgen wir nach rechts. Wenn auf der linken Seite die Bebauung endet, führt ein schmaler Fußweg auf die Ecke zwischen Römerstraße und An den vier Linden. Hier halten wir uns rechts. Nachdem wir unter einer Eisenbahnbrücke hindurch sind, führt rechts ein schmaler Weg ins Grüne hinein.

Remigiuskirche

Traktor auf dem Feld

Dieser Weg bringt uns in einem Bogen über eine Wiese und weiter auf die Sürther Straße. Dieser Teil unserer Tour ist übrigens auch ein Stück des Kölnpfads. Das ist ein über 150 Kilometer langer Rundwanderweg, der in mehreren Etappen um Köln herum führt. An der Sürther Straße gehen wir geradeaus weiter und folgen somit dem kleinen Schild, das den Weg zum **Friedhof** weist. Nachdem wir ihn betreten haben, folgen wir dem Weg, biegen an seinem Ende nach rechts ab und gehen weiter, bis wir vor der Trauerhalle an einem Rondell mit einem steinernen Kreuz stehen. Dort gehen wir wieder rechts und kommen so zum Haupteingang des Friedhofs und zurück auf die Sürther Straße. Jetzt halten wir uns links.

Dann biegen wir links in Eygelshovener Straße ab. Schon bald geht rechts ein Fußweg durch ein Neubaugebiet. An seinem Ende gehen wir links und wieder rechts und staunen darüber, wie das platte Land mit Landwirten und **Traktoren** auf den Feldern hier an die Großstadt stößt. Wir überqueren die Straße Am Feldrain und folgen der Straße Grüner Weg durch ein Wohngebiet. So gehen wir langsam, aber sicher wieder auf den Rhein zu.

Wenn wir die Kölnstraße erreicht haben, wundern wir uns nochmals über dieses Stückchen Dorf mitten in der Stadt. Von der Kölnstraße geht ein schmaler Weg rechts durch die Felder. Ihm folgen wir bis zu der schmalen Allee, die uns jetzt links auf die **Remigiuskirche** zuführt. Wir genießen kurz dieses Post-

Auf dem Leinpfad

Fähre

kartenmotiv. Und falls die Kirche geöffnet ist, werfen wir einen Blick hinein: Sie ist in Weiß gehalten und eher spartanisch ausgestattet. Interessant ist jedoch das Taufbecken am Eingang, das die Arche Noah zeigt.

Links von der Remigiuskirche führt schließlich ein Weg zum Rhein. So erreicht man den **Leinpfad,** der auf dieser Höhe nach dem Stadtviertel Sürther Leinpfad heißt. Rechts von ihm sind aus Gründen des Hochwasserschutzes Wiesen, links des Weges in der Regel hohe Mauern. Der Leinpfad führt rechts nach Godorf, wir gehen aber nach links Richtung Weiß. So erreichen wir über den Weißen Leinpfad die Personenfähre nach Zündorf. Sie fährt allerdings nicht ganzjährig. Darum sollte man sich genau überlegen, wann man diese Wanderung macht – zumindest, wenn man die Fährüberfahrt nicht missen will. Alternativ ist es natürlich möglich, die Wanderung hier schon zu beenden.

Groov

Wer noch mit uns den Rhein überqueren will, geht also an Bord. Die Fähre wackelt übrigens lange nicht so stark, wie man als Beobachter denken könnte. Außerdem dauert das Überqueren des Rheins maximal 5 Minuten. Ist man am anderen Ufer angekommen, befindet man sich auf der Halbinsel **Groov** **4.** Dort gibt es viele Restaurants und Cafés. Wer eine Pause braucht, hat hier also ausreichend gastronomische Möglichkeiten. Schließlich führt die Marktstraße, vom Rhein kommend, zwischen den hübschen alten Häuschen hindurch zur Hauptstraße. Wer dann rechts geht, links in die Keimergasse einbiegt und über die Schmittgasse hinweg der Wahner Straße folgt, kommt zur KVB-Haltestelle Zündorf.

7 DEUTZ UND ALTSTADT

Start: Reiterstandbild von Kaiser Wilhelm auf der Rampe, die zur Hohenzollernbrücke führt, 50679 Köln (GPS: 50.94121, 6.96887)
Ziel: Hauptbahnhof, Trankgasse 11, 50667 Köln
Länge: ca. 7 Kilometer
Dauer: ca. 2 Stunden
ÖPNV: Haltestelle Köln Messe/Deutz, Regionalexpress, S-Bahn, Stadtbahn 1, 3, 4, 9; Rückkehr zum Ausgangspunkt: zu Fuß über die Hohenzollernbrücke oder mit Regionalexpress und S-Bahn
Parken: Parkhaus an der LANXESS Arena

Unterwegs entdeckt:
1 Hauptbahnhof Köln
2 Martinswinkel
3 Schokoladenmuseum
4 Rheinauhafen
5 Severinstraße
6 Heumarkt
7 Ostermannplatz

Essen + Trinken:
Die Tour führt durch die Alt- und die Südstadt. Dort gibt es jede Menge Restaurants, Cafés, Kneipen, Bars und Imbisse. Am Rheinufer in der Altstadt liegt das Restaurant Maibeck, das seit vielen Jahren einen Stern hat und ein sehr gutes Preis-Leistungs-Verhältnis bietet (Am Frankenturm 5, 50677, Tel. 02 21/96 26 73 00, www.maibeck.de).

Die Lichter der Großstadt

Köln ist weder New York noch Shanghai. Aber wie jede Großstadt ist auch sie nachts beleuchtet. Es lohnt sich, bei Dunkelheit einmal durchs Zentrum zu streifen, denn viele Ecken sehen dann anders aus. Manche Bausünden beispielsweise sind durch die gnädige Dunkelheit verhüllt, während anderes durch die Beleuchtung hervorgehoben wird, was tagsüber nicht so ins Auge fällt. Diese Tour bietet sich für alle an, die im Winter einen ausgedehnten Spaziergang machen wollen. Schließlich ist es dann früher dunkel.

Unsere Runde beginnt in Köln-Deutz an der Hohenzollernbrücke. Denn von dort hat man nachts den besten Blick auf das beleuchtete Köln-Panorama. Da sind zunächst die Bögen der Eisenbahnbrücke, die auf den Dom zuführen. Links davon ist die Philharmonie. Ihr Dach erinnert beleuchtet viel mehr an Wellen als bei Tageslicht. Noch weiter links schließt sich die Altstadt an. Dann kommt der hohe Turm von Groß Sankt Martin, dahinter der Turm des Kölner Rathauses. Rechts vom Dom steht ein unförmig-blaues Gebäude. Das ist der **Musical Dome,** der 1996 errichtet wurde – wohlgemerkt als Provisorium. Aber bekanntermaßen hält eben nichts länger als das, was behelfsmäßig installiert wurde. Immerhin kommen die

Panorama

Hauptbahnhof

Kölner und Besucher aus dem Umland dank des Musical Domes in den Genuss von Aufführungen wie „Hair" oder der „Rocky Horror Show". Der Musical Dome wird übrigens wegen seiner Farbe und Unförmigkeit von den Kölnern gerne als überdimensionierte Mülltüte bezeichnet. Ob man ihn schön oder hässlich findet, spielt allerdings keine Rolle, wenn man sich die Spiegelung der Lichter der Großstadt im Rhein anschaut: Dort ist das Blau nämlich ein hübscher Akzent in den vielen Goldtönen.

Von der Hohenzollernbrücke und der anderen Rheinseite aus haben wir dann natürlich auch den Blick zurück auf den beleuchteten LVR-Turm in Deutz und die dort eher niedrige Bebauung am Rheinufer. Wir gehen jetzt allerdings weiter auf den Dom zu. Ist er tagsüber in schwarzem Stein erstarrt, bringt das Licht nachts seine filigranen Strebebögen und -pfeiler rund um das Kirchenschiff richtig zur Geltung. Lange bevor wir ihn erreichen, sehen wir rechts von uns den **Hauptbahnhof 1**. Dazu müssen wir nur mit dem Blick den Schienen am Ende der Hohenzollernbrücke folgen, die nachts das Licht reflektieren. Der Hauptbahnhof selbst ist ein großer Leuchtkörper: Während das Hauptgebäude durch das strahlende 4711-Logo in seinem Inneren bläulich-grün schimmert, ist der neuere Vorbau in warmes, goldenes Licht getaucht.

Wir gehen am Heinrich-Böll-Platz, also noch bevor wir das Museum Ludwig erreichen, links die Treppen zum Rhein hinab. Dort können wir einerseits weiterhin verfolgen, wie sich die Lichter im Wasser spiegeln. Andererseits sehen wir die beleuchtete Altstadt, die an warmen Sommerabenden etwas von Südeuropa hat. Gehen wir vom Wasser weg und über die Straße Am Frankenturm an den Restaurants entlang, erreichen wir den **Martinswinkel 2.** Er ist ein äußerst beliebtes Fotomotiv in Köln: die bunten Häuschen, die sich aneinanderdrängen, dahinter der gold-schimmernde Kirchturm von Groß Sankt Martin. Hier war früher übrigens der Fischmarkt.

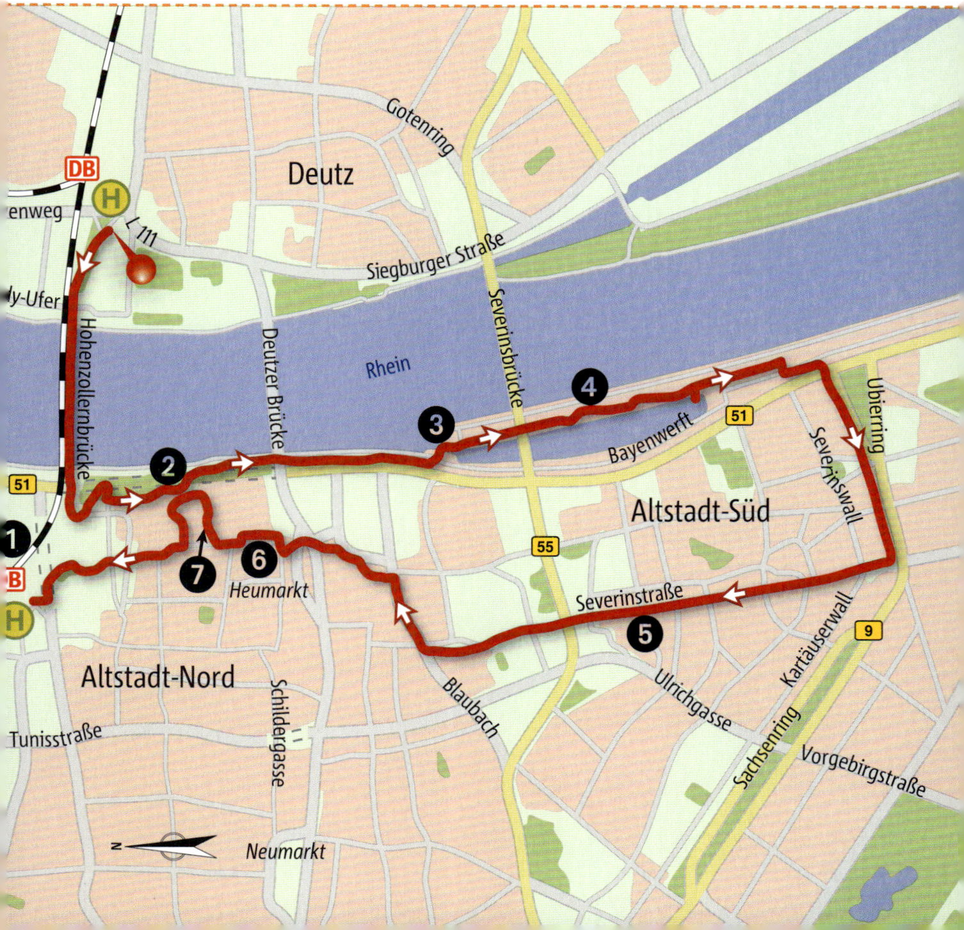

Martinswinkel

Schokoladenmuseum

Rheinauhafen

Jetzt gehen wir wieder hinunter zum Rhein und auf die Deutzer Brücke zu. Bevor wir sie erreichen, sehen wir noch den Kölner **Pegel,** ein Wahrzeichen der Stadt. Im Turm befindet sich ein Schwimmkörper, der den Wasserstand des Rheins ständig auf die am Turm angebrachte Uhr überträgt. Zeigt der Pegel 4,50 Meter an, müssen erste Maßnahmen zum Schutz vor Hochwasser ergriffen werden.

Wir gehen durch den Rheinauhafen.

Nach der Deutzer Brücke fällt uns ein weiteres helles Strahlen ins Auge: Das ist der Glasbau, der zum Schokoladenmuseum gehört. Durch die Fenster kann man den Schokoladenbrunnen in der Spitze erkennen. Wir gehen über die schmale Drehbrücke auf das **Schokoladenmuseum** **3** zu, dann aber nach rechts an ihm vorbei weiter in den **Rheinauhafen** **4** hinein. Hier gibt es nachts viele Lichter zu entdecken, denn in den Boden sind rot und grün leuchtende Leisten eingelassen, die alten Hafenkräne sind illuminiert, und die moderne Architektur mit den vielen Fenstern lässt ebenfalls viel Licht von innen nach außen dringen. So kommt es immer wieder zu spannenden Kontrasten zwischen der alten, erhaltenen Bausubstanz und den neuen Gebäuden.

Severinstorburg

Bayenturm

Am **Bayenturm** verlassen wir das ehemalige Hafengelände. Der Wehrturm aus dem Mittelalter ist heute übrigens Sitz der Stiftung FrauenMediaTurm. Hier befinden sich das feministische Archiv und ein Dokumentationszentrum zur Geschichte der Frauenbewegung sowie die Redaktion der Zeitschrift „Emma". Die Vorstandsvorsitzende der Stiftung und Herausgeberin des Frauenmagazins ist Alice Schwarzer.

Jetzt dringen wir in die deutlich dunklere Südstadt vor. Dazu folgen wir der Bayenstraße bis zur Kreuzung mit dem Ubierring. Hier biegen wir rechts ab und gehen vom Rheinufer weg. Rechts und links von uns sind jetzt Wohnhäuser, kleine Geschäfte und einige Gaststätten. Licht dringt höchstens aus den Wohnungen und Kneipen zu uns heraus. Wer eine kleine Stärkung braucht, kann hier kurz einkehren. Allerdings führt uns unsere Tour noch weiter an Kneipen, Restaurants und Bars vorbei.

Am **Chlodwigplatz** halten wir uns rechts und gehen auf die erleuchtete **Severinstorburg** zu, eine der vier erhaltenen Stadttorburgen. An das Tor schließt sich auch noch ein Stück mittelalterliche Stadtmauer an. Würden hier keine Autos fah-

Severinskirche

ren und gäbe es keine Straßenbeleuchtung, könnte man beim Blick durch das Tor in die **Severinstraße** 5 durchaus das Gefühl bekommen, durch längst vergangene Zeiten zu schlendern. Der Platz macht besonders nachts deutlich, dass Köln eine sehr alte Stadt ist.

Wir folgen der Straße – vorbei an vielen Kneipen, Bars, Restaurants, Imbissen und kleinen Läden, die jetzt unsere Lichtquellen sind und Gemütlichkeit ausstrahlen. Auf der linken Seite der Straße finden wir in regelmäßigen Abständen bronzefarbene Platten im Bürgersteig, die auf historische Punkte in der Umgebung hinweisen. Geschichtsinteressierte können an jeder Platte mithilfe der App „Severinsviertel" in die Vergangenheit eintauchen und so beispielsweise historische Fotos und Berichte entdecken. Auf unserem weiteren Weg sticht außerdem die beleuchtete Kirche Sankt Severin hervor und in scharfem Kontrast dazu wenige Meter später der grell beleuchtete Zugang zu einer der neuesten U-Bahn-Stationen in Köln, dem Kartäuserhof. Hier fährt die Linie 17 bis nach Sürth. Sie ist Teil der Nord-Süd-Stadtbahn, die untrennbar mit dem Einsturz des **Historischen Archivs der Stadt Köln** verbunden ist. Bei diesem Unglück sind 2009 zwei Männer gestorben. Auf unserem Weg weiter entlang der Severinstraße kommen wir an der riesigen Baustelle vorbei, die der Einsturz hinterlassen hat. Sie ist allerdings weitestgehend hinter Bauzäunen verborgen. Bis die Nord-Süd-Linie ihren geplanten Streckenverlauf nehmen kann, werden noch einige Jahre vergehen.

Kurz danach gehen wir rechts in den Mühlenbach und dann links in die Straße An der Malzmühle, die uns zum Heumarkt führt. Dort ist rechts das Brauhaus zur Malzmühle. An die Familienbrauerei ist ein Hotel angeschlossen – mit Bierzapfhahn auf dem Zimmer.

Wir nehmen die Unterführung an der KVB-Haltestelle, die uns auf die andere Seite der Gleise und der Augustinerstraße bringt. Schon wenn wir die Treppen nach oben steigen, haben wir die Lichtreklame von 4711 im Blick. Links davon leuchtet außerdem über der Straße der Hinweis auf das City-Shopping in der Gürzenichstraße und Schildergasse. Wir gehen aber geradeaus weiter über den **Heumarkt** **6** und sind jetzt mitten in der Altstadt, die abends ganz anders wirkt als tagsüber: Erstens ist sie viel leerer, sodass man sich auf die engen Gassen und die schmalen Häuser konzentrieren kann. Zweitens versetzt dieses Umfeld mit den beleuchteten Fassaden und den eher wenigen Straßenlaternen die Besucher mental gerne in einen Spielfilm, der in der Vergangenheit spielt.

Abendlicher Spaziergang durch die Altstadt.

Den Heumarkt verlassen wir links hinten, indem wir in die Verbindungsstraße zum Alter Markt gehen, Unter Käster. Jetzt müssen wir aufpassen, damit wir nicht am unscheinbaren Kastellsgäßchen vorbeigehen. Es führt uns, noch bevor wir den Alter Markt erreicht haben, rechts zwischen zwei Häusern hindurch auf den **Ostermannplatz** **7**. Ja, die Gasse ist ziemlich dunkel. Aber keine Sorge, sie ist nur kurz, und an ihrem Ende steht der Willy Ostermann gewidmete Brunnen. Ostermann war Heimat- und Liederdichter. Viele seiner Lieder sind fester Bestandteil des Kölner Karnevals. Dazu gehört beispielsweise „Heimweh nach Köln“ von 1936, das aufgrund des Refrains auch bekannt ist als „Ich mööch zo Fooß noh Kölle jonn“. „Och, wat wor dat fröher schön doch en Colonia“,

Heumarkt

Groß Sankt Martin

ein Walzer von 1930, ist ein anderes über die Stadtgrenzen hinaus bekanntes Lied.

Im künstlichen Licht können die Brunnenfiguren, die in Ostermanns Liedern eine Rolle spielen, auf den ersten Blick etwas erschreckend aussehen. Aber sie sind nur aus Stein und nicht auf Konfrontation aus. Wir gehen geradeaus über das kleine Plätzchen und zwischen den Häusern hindurch über wenige Stufen auf die Straße Am Rothenberg. Dort steigen wir über weitere Stufen geradeaus weiter hinab und kommen so auf das **Rote Funken Plätzchen.** Die Roten Funken sind eine Karnevalsgesellschaft. An diesem Platz gibt es ein Wandrelief, auf dem Funken und ein Funkenmariechen zu sehen sind. Außerdem kann man hier den Funkeneid nachlesen.

Ostermannplatz

Gehen wir nach links über die Straße Buttermarkt, kommen wir wieder zum Fischmarkt. Dieses Mal steigen wir direkt nach der Kirche Groß Sankt Martin einige Stufen nach oben. Gegenüber dem Eingang der Kirche gehen wir durch das **Martinspförtchen** auf den Alter Markt. Dieser Ecke der Stadt haben wir schon im Kapitel „Glaubensorte" (Seite 48) ausführlich Beachtung geschenkt. Deswegen gehen wir jetzt nach einem ausgiebigen Blick auf die beleuchteten Fassaden rund um den Platz rechts weg und durch die Bechergasse auf die Straße Am Domhof. Dort führt uns eine Treppe nach oben zum Römisch-Germanischen Museum. Hier lohnt sich ein Blick auf die beleuchteten Exponate an der Fassade und vor dem Gebäude. Dann gehen wir am Museum vorbei auf die Rückseite des Doms zu. Hier bewundern wir nochmals die im Licht eher weiß denn schwarz aussehenden Pfeiler und Bögen. Dann erreichen wir über die breite Treppe unser Ziel, den Hauptbahnhof.

8 MÜLHEIM UND NIEHL

Start: Wiener Platz, 51065 Köln (GPS: 50.96156, 7.00545)
Ziel: Niehler Hafenbrücke, 50735 Köln
Länge: ca. 10 Kilometer
Dauer: ca. 2,5 Stunden
ÖPNV: Haltestelle Wiener Platz, Stadtbahn 4, 13 und 18 oder mit diversen Bussen; Rückkehr zum Ausgangspunkt: Haltestelle Sebastianstraße, Stadtbahn 16 Richtung Sürth bis Amsterdamer Straße/Gürtel, dann Stadtbahn 13 Richtung Holweide.
Ein- und Ausstiegspunkte unterwegs: Keupstraße und Wiener Platz
Parken: Contipark Tiefgarage Mülheim, Jan-Wellem-Straße 2, 51065 Köln

Unterwegs entdeckt:

1 Mülheimer Stadtgarten
2 Evangelischer Friedhof Köln-Mülheim
3 Keupstraße
4 Drei-Kaiser-Haus
5 Stammheimer Ufer
6 Rheinaue

Essen + Trinken:

Die Tour führt in Köln-Mülheim durch die Keupstraße. Dort locken es sehr gute türkische Restaurants und Imbisse. Auf dem zweiten Teil der Tour gibt es keine gastronomischen Angebote, aber viel Grünfläche für Picknicks.

Rechts und links vom Rhein

Köln-Mülheim ist ein Schmelztiegel der Kulturen und Religionen, aber (noch) nicht so hipp und gentrifiziert wie Ehrenfeld. Hier ist viel noch ursprünglicher oder echt kölsch. Und hier sind Wohnraum, Gewerbe, Industrie und Kultur eng verzahnt. Gleichzeitig ist man, aus Mülheim kommend und über die gleichnamige Brücke gehend, schnell in einem sehr naturbelassenen Teil der Stadt, der Rheinaue am Niehler Ufer. Wer die ganze Tour mitmacht, verbindet also pulsierendes Leben mit Ruhe und Entspannung. Natürlich kann man auch nur den ersten oder zweiten Teil der Tour gehen.

Der Wiener Platz ist einer der geschäftigsten Orte auf der Schäl Sick, also rechtsrheinisch. Hier kann man einkaufen gehen, Stadtbahnen halten unter der Erde und oberirdisch, die Stadt Köln hat dort eines ihrer neun Kundenzentren, und regelmäßig findet hier der Wochenmarkt statt. Doch kaum ist man am hinteren Ende des **Wiener Platzes** rechts Richtung Stadthalle abgebogen, wird es erst einmal ruhiger. Dort kommt man zunächst am Mülheimer Schifffahrtsbrunnen vorbei. Er erinnert daran, dass Mülheim einst ein eigenständiges Fischerdorf war.

Vom Brunnen aus gehen wir auf die rechte Ecke der Stadthalle zu, sodass wir an ihr vorbei in den **Mülheimer Stadtgarten** 1 kommen. Er ist wie alle Kölner Parks bei Fußgängern und Läufern beliebt. Wir durchqueren ihn am See vorbei bis zu einem großen, ovalen Blumenbeet. Das umrunden wir gegen den Uhrzeigersinn, um noch einmal den schönen Blick über den gesamten Stadtgarten zu haben. So kommen wir über die Lasallestraße an den 1914 errichteten Märchen- oder Tierbrunnen. An ihm gehen wir geradeaus weiter und erreichen die Frankfurter Straße. Sie ist eine der Haupteinkaufsstraße in Mülheim. Hier gibt es Friseure, Goldankäufer, Sonnenstudios, Hotels, Supermärkte und noch viel mehr.

Wir überqueren diese belebte Straße und kommen in ein Wohnviertel. Rechts geht es in die Steinkopfstraße. Jetzt tref-

Stadtpark

fen wir auf einer kurzen Strecke auf ganz unterschiedliche Einrichtungen und Plätze verschiedener Religionen. So ist auf der Steinkopfstraße auf der Ecke zum Präses-Richter-Platz links die Bildungsstätte Köln-Mülheim II, ein Haus des Kolping-Bildungswerks. Sein Ziel ist es, Menschen unabhängig von Alter, Geschlecht, Herkunft und Religionszugehörigkeit durch Bildung zu befähigen, ein selbstständiges und eigenverantwortliches Leben zu führen. Adolph Kolping war Sozialreformer, katholischer Publizist und nach seinem Theologiestudium Priester. In dieser Bildungsstätte gibt es unter anderem ein Jugendbüro und die Möglichkeit, sich zum Helfer im Gastgewerbe ausbilden zu lassen.

Der **Präses-Richter-Platz,** der an das Haus grenzt, ist Heinrich Richter gewidmet. Er war ebenfalls katholischer Theologe, später Priester und darüber hinaus Präses der Kolpingfamilie Köln. Ein Präses ist der Vorstand eines kirchlichen Gremiums oder eines Vereins. Richter wurde 1898 in Mülheim am Rhein geboren. 1944 wurde er von der Gestapo verhaftet, weil er regelmäßig mit Freunden die tagespolitische Situation analysierte. Er saß erst im EL-DE-Haus in der Innenstadt in Gefangenschaft, wurde dann ins Konzentrationslager in Köln-Deutz gebracht und schließlich 1945 als politischer Häftling im KZ Ohrdruf in Thüringen getötet.

Wir gehen am Ende des Platzes links und kommen so auf die Clostermannstraße. Dort halten wir uns links. An der Elisabeth-Breuer-Straße biegen wir rechts ab und sehen vor uns ein Gebäude der Caritas. Das ist das Altenzentrum Sankt Josef-Elisabeth, das Wohnen, Tagespflege und stationäre Pflege anbietet. Die Caritas ist in Deutschland als katholischer Wohlfahrtsverband organisiert. In Köln ist sie

Sankt Elisabeth

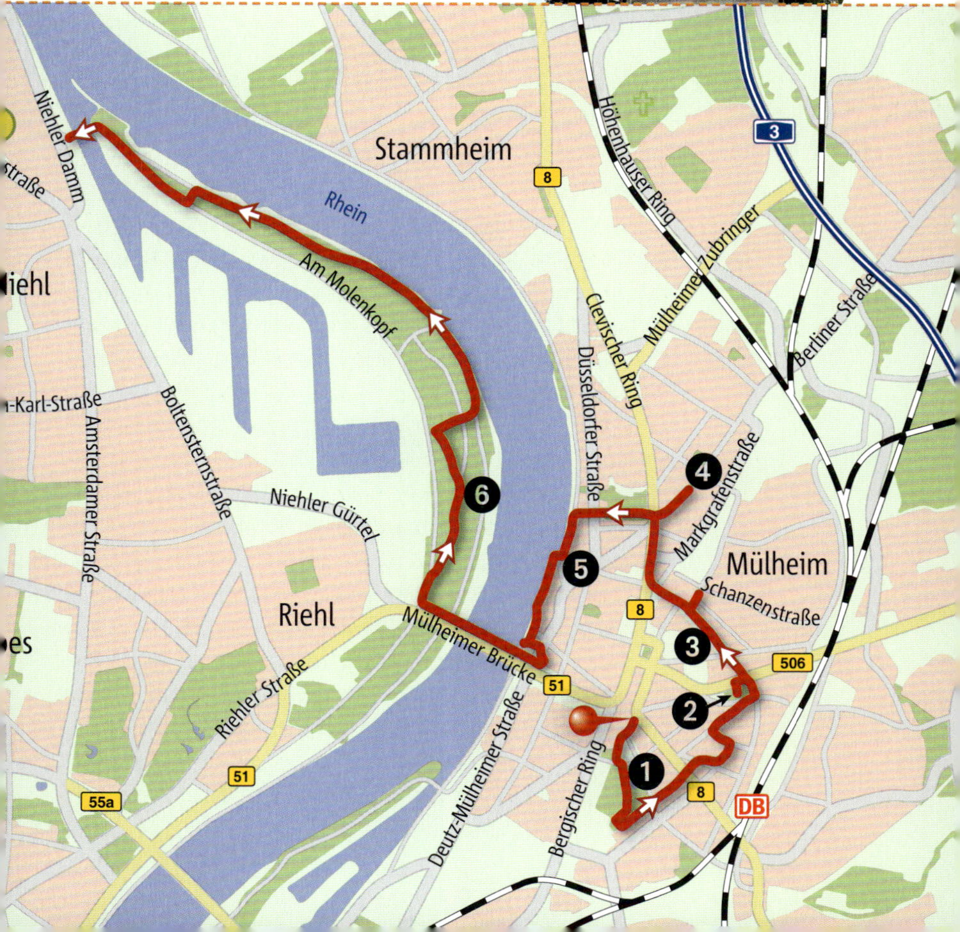

Friedhof

Trägerin von 80 Diensten und Einrichtungen wie Altenpflege, Kitas, Wohnhäuser, Beratungsstellen oder Werkstätten für Menschen mit Behinderung. Caritas heißt übrigens Nächstenliebe.

Direkt gegenüber dem Altenzentrum steht rechts eine Kirche. Dort trifft sich die rumänisch-orthodoxe Gemeinde „Aller Heiligen". Sie wurde vor über dreißig Jahren gegründet. Seit dem Jahr 2000 feiert sie an Sonntagen und manchmal auch werktags ihre Gottesdienste in der Kirche Sankt Elisabeth. Vorbei an der Kirche kommen wir auf die Mündelstraße. Vor uns ist jetzt die Mauer des **Evangelischen Friedhofs 2.** An ihr gehen wir bis zur Montanusstraße und dann links auf der Bergisch Gladbacher Straße bis zum Eingang des Friedhofs, auf dem wir nach Belieben eine Runde drehen. Er wurde um 1610 angelegt und ist somit das älteste Zeugnis der evangelischen Kirchengemeinde in Köln-Mülheim. Neben vielen kleinen Gräbern gibt es hier auch einige auffallend große Ruhestätten. Eine kleine Kapelle ist beispielsweise die Grabstelle der Industriellen-Familie Paul Charlier, links daneben liegen die

Lindgens. Deren beider Familienunternehmen haben mit anderen Firmen das Gebiet zwischen Deutz und Mülheim um die vorletzte Jahrhundertwende herum industrialisiert. Emil Lindgens, der in den 1920er-Jahren in die Geschäftsführung eintrat, war übrigens mit Clara Leverkus verheiratet, die auch hier bestattet ist. Sie wiederum war die Tochter von Carl Friedrich Wilhelm Leverkus. Der baute ab 1861 in der Gemeinde Wiesdorf am Rhein die „Rheinische Ultramarin – Fabrik von Dr. C. Leverkus" – der Siedlung gab er den Namen Leverkusen.

Nach diesem Ausflug in die Geschichte gehen wir zurück auf die Bergisch Gladbacher Straße, wenige Meter nach rechts und dann links in die **Keupstraße 3.** Sie ist ein Zentrum des türkischen und kurdischen Geschäftslebens. Hier gibt es das vermutlich beste türkische Essen der Stadt in Restaurants und Imbissen, aber auch viele Brautmode- und Handy-Geschäfte, Backstuben und Änderungsschneidereien. Die Keupstraße hat außerdem traurige Bekanntheit erreicht, als dort 2004 eine Nagelbombe explodierte. 22 Menschen wurden dabei verletzt. Erst 2011 stellte sich heraus, dass der Nationalsozialistische Untergrund (NSU) den Anschlag ausgeübt hatte. 2014, also zehn Jahre nach dem Attentat, fanden zum

Keupstraße

Gedenken an der Keupstraße die Großkundgebung und das Konzert „Birlikte – Zusammenstehen" statt. Mit dem Kulturfest wollte man ein Zeichen setzen gegen Rassismus und Rechtsextremismus.

Drei-Kaiser-Haus

Was drei Kaiser mit einem Haus zu tun haben.

An der Schanzenstraße gehen wir einige Meter nach rechts bis zum Gelände des **Carlswerks,** wo Starkstromkabel und -seile hergestellt wurden. Heute sitzen hier Zahnärzte, Restaurants, das Schauspiel Köln und viele andere kleine und große Unternehmen. Außerdem ist direkt daneben Brainpool TV beheimatet. Dort wurden unter anderem Shows wie „Schlag den Star" produziert. Nur wenige Meter weiter sind unter anderem auch das E-Werk und das Palladium, zwei große Veranstaltungshallen, in denen sowohl die jährliche Stunksitzung während des Karnevals als auch Konzerte von beispielsweise Kraftwerk, Gentleman oder Matthias Reim stattfinden.

Wir gehen aber nicht so weit, sondern zurück zur Keupstraße, halten uns dort aber rechts. Wer nicht weiter mitkommen möchte, kann an der Haltestelle Keupstraße die Tour abbrechen und zurück in die Stadt fahren. Wer noch nicht genug hat, folgt uns über den Clevischen Ring bis zur Berliner Straße. Auch hier gibt es viele türkische Geschäfte wie Friseure, Reisebüros, Cafés oder Lebensmittelläden. Davon abgesehen kann man hier beispielsweise Abstellräume mieten oder in einem Elektrofachmarkt einkaufen.

Wir biegen dann in die Berliner Straße ein. Hier sehen wir auf der rechten Seite den **Kulturbunker.** Dort gibt es Partys und Konzerte, Theateraufführungen und Lesungen sowie Ateliers für Künstler. Wer eine Kaffeepause braucht: Auch das ist im Kulturbunker möglich. Wir folgen der Berliner Straße noch bis zur Hausnummer 46, dem **Drei-Kaiser-Haus** **4.** Hier schauen wir uns die Fassade näher an: Denn über der Tordurchfahrt werden die Fensterstürze von drei Kaisern geschmückt. Zu sehen sind von unten nach oben Wilhelm I., Friedrich III. und Wilhelm II. Was haben diese drei miteinander und mit dem Haus zu tun? Sie waren alle drei in einem Jahr Kaiser – und zwar 1888, also in dem Jahr, in dem das Haus in Köln-Mülheim gebaut worden war.

Jetzt drehen wir um und gehen zum Clevischen Ring zurück. Ihn überqueren wir und kommen so in den Böcking-Park. Dort gibt es Sitzgelegenheiten, einen Spielplatz, Tischtennisplatten und einem Bolzplatz. Nach dem wuseligen Mülheim bietet diese kleine grüne Oase eher Entspannung.

Das Jahr

1888 UND DIE BERLINER STRASSE 46

Wilhelm I. war im März gestorben – mit 90 Jahren nicht besonders ungewöhnlich. Daraufhin wurde sein Sohn zum Kaiser ernannt, Friedrich III. Der allerdings starb nach nur 99 Tagen als Deutscher Kaiser an Kehlkopfkrebs. So wurde Wilhelm II., der Sohn von Friedrich III., 1888 der dritte deutsche Kaiser in einem Jahr. Merken kann man sich das mit dem Spruch „Eins und dreimal acht: Drei Kaiser an der Macht". Daher wird 1888 das Drei-Kaiser-Jahr und die Berliner Straße 46 in Köln-Mülheim Drei-Kaiser-Haus genannt.

Wir durchqueren den Park und stoßen auf die Düsseldorfer Straße. Von hier sehen wir geradeaus schon den Rhein. Am **Stammheimer Ufer** **5** halten wir uns links, um Richtung Mülheimer Brücke zu gehen. Den Weg am Rhein müssen sich die Fußgänger mit den Fahrradfahrern teilen. Das kann aufgrund der Enge etwas stressig sein. Wir nehmen die Stufen, die rechts nach unten führen, um näher am Wasser entlangzulaufen.

Während wir auf die Mülheimer Brücke zugehen, sehen wir hinter ihr schon bald eine kurze, geschwungene Brücke. Das ist der sogenannte **Katzenbuckel,** der in den Rheinpark führt. Über ihn gehen wir auf unserer Parks-&-Gärten-Runde (Seite 38). Weil wir heute aber auf der Mülheimer Brücke den Rhein überqueren wollen, gehen wir an einem Spielplatz die Stufen hinauf, also vom Rhein weg. Vor uns liegt dann eine kleine weiße Kirche, die ehemalige Schifferkirche Sankt Clemens. Vor der Kirche auf der Mauer steht die Skulptur des Heiligen Nepomuk. Er ist der Schutzpatron der Brücken, Schiffer und Flößer.

Nepomuk

Mühlheimer Brücke

Nieheler Hafen

Links an der Kirche vorbei kommen wir zur Mülheimer Brücke. Wer genug von der Stadtwanderung hat, kann an diesem Punkt übrigens aussteigen und an der Brücke entlang zurück zum Wiener Platz gehen. Alle anderen haben noch ein schönes Stück wilder Natur vor sich, allerdings erst, nachdem sie über die Mülheimer Brücke gegangen sind. Die Brücke ist zum Zeitpunkt des Redaktionsschlusses eine große Baustelle. Man muss also damit rechnen, dass man nicht immer auf dem geraden Weg gehen kann, sondern den einen oder anderen Umweg nehmen muss. Wer hier in die Tour einsteigt, sich aber den Gang über die Brücke sparen will, kann auch zur Haltestelle Slabystraße fahren und von dort zum Rheinufer gehen.

Dieser Teil der Tour dürfte eher für Kölner als für Touristen interessant sein. Denn viele Sehenswürdigkeiten gibt es nicht zu entdecken – dafür aber lange Spazierwege im Grünen, auf denen sicherlich noch nicht jeder Bewohner der Stadt unterwegs war. Faszinierend an diesem Gang durch die **Rheinaue 6** ist, dass man zwar auf schmalen Pfaden und nur wenige Meter vom Rhein entfernt durch die Natur läuft, aber auf der anderen Seite der Straße Am Molenkopf, die man durch die Bäume ansatzweise sehen kann, ein Industriegebiet liegt. Dort befinden sich nämlich der Niehler Hafen und unter anderem das Heizkraftwerk Niehl der Rheinenergie.

Wir konzentrieren uns aber auf die Natur der Rheinaue. Sie ist von vielen Wegen und Pfaden durchzogen. Das Cranachwäldchen, das ungefähr auf der Mitte der Strecke bis zur Niehler Hafenbrücke liegt, gilt im Sommer als Treffpunkt der Kölner Schwulenszene. Kurz nach dem Schild „Kilometer 695" auf der linken Seite müssen wir uns langsam vom Wasser wegbewegen. Denn jetzt wollen wir über die **Hafenbrücke**

Rheinaue

gehen. Von dort sieht man rechts hinten die Ford-Werke. Das Unternehmen ist einer der größten Arbeitgeber der Stadt. Links hat man außerdem einen weiten Blick in den Niehler Hafen und auf die vielen Container, die hier umgeladen werden. An der Brücke beenden wir unseren Spaziergang. Die nächste KVB-Haltestelle ist nicht weit: Am Ende der Brücke folgen wir dem Niehler Damm einige Meter stadtauswärts und nehmen dann links einen Fußweg zwischen den Häusern hindurch. Er führt auf die Hillesheimer Straße. An ihrem Ende biegen wir links auf die Sebastianstraße ein und kommen so zur gleichnamigen Haltestelle.

9 MONTE TROODELÖH

Start: Haltestelle Königsforst, 51107 Köln (GPS: 50.91989, 7.09719)
Ziel: Haltestelle Brück Mauspfad, 511095 Köln
Länge: ca. 12 Kilometer
Dauer: ca. 2,5 Stunden
ÖPNV: Haltestelle Königsforst, Stadtbahn 9; Rückkehr zum Ausgangspunkt: Bus 154 Richtung Porz Markt
Parken: in der Forsbacher Straße, 51107 Köln

Unterwegs entdeckt:

1 Wassertretstelle
2 Monte Troodelöh
3 Wildpark

Essen + Trinken:

Die Tour führt in den Königsforst. Dort gibt es immer wieder Bänke und andere Sitzgelegenheiten, die für ein Picknick geeignet sind. An den KVB-Haltestellen am Anfang und am Ende der Wanderung kann man auch in ein Café gehen beziehungsweise an einem Imbiss essen.

Kölns höchster Punkt

Köln liegt gerade einmal 53 Meter über dem Meeresspiegel. Das Stadtgebiet ist mit Ausnahme der Trümmerberge eher flach. Wer Spaß an bergigen Wanderungen hat, ist hier also nicht am richtigen Ort. Doch im Königsforst, dem Naturschutzgebiet östlich von Köln, liegt der höchste Punkt des Stadtgebiets: Der Monte Troodelöh ist alleine wegen seines Namens eine kurze Wanderung wert. Bei den Einheimischen ist er als Sonntagsausflug beliebt, Touristen können dort kölschen Humor jenseits des Großstadtlebens kennenlernen.

Um den Monte Troodelöh zu bezwingen, kann man viele Wege durch den **Königsforst** nehmen. Unsere Tour startet an der gleichnamigen KVB-Haltestelle in Rath. Dort ist man ganz im Osten von Köln, rechtsrheinisch also, und schon fast mitten im Wald.

Von der Endhaltestelle Königsforst gehen wir in Fahrtrichtung weiter über den Rather beziehungsweise Heumarer Mauspfad. Der Rösrather Straße folgen wir wenige Meter, bis links die Forsbacher Straße abgeht. Links der Straße stehen Wohnhäuser, rechts sind viele Parkplätze. Sie werden gerne von den vielen Spaziergängern und Läufern genutzt, die besonders an sonnigen Wochenenden hierherkommen. Auch Fahrradfahrer sind viele im Königsforst unterwegs.

Die Forsbacher Straße führt direkt in den Wald hinein. Entlang des Weges gibt es viele Bänke, vor manchen stehen sogar Tische, und auch größere Gruppen finden hier Sitzgelegenheiten in Form von Bankkreisen. Wer also Spaß an einem Picknick hat, findet hier viele Möglichkeiten. Der Weg selbst hat nichts von einem verwunschenen Waldpfad. Viel-

Wegweiser

Im Wald

mehr ist es ein breiter Weg ohne viele Kurven und Windungen und ohne große Steigungen, der sich leicht gehen lässt. Wer etwas mehr Natürlichkeit sucht, folgt einem Schild links, das mitten in den Wald hinein und zu den **Hügelgräbern** führt. Darunter sollte man sich jedoch nichts Spektakuläres vorstellen: Sie wurden von den Kelten angelegt und stammen aus der Eisenzeit, also etwa von 800 bis 450 vor Christus. Heute sind sie zwar Bodendenkmäler, aber eigentlich nicht mehr als leichte Dellen und Erhebungen. Doch selbst wenn man nicht unbedingt zu diesen Gräbern möchte, lohnt es sich, in den Wald hineinzugehen. Er ist hier, wenige Meter vom Hauptweg entfernt, viel ruhiger und natürlicher. Ein guter Ort, um einmal tief durchzuatmen und sich an seiner Schönheit zu erfreuen. Wer den Spaziergang im Königsforst lieber zur Bildung nutzen will, findet links und rechts vom Hauptweg übrigens auch immer wieder Teile eines Waldlehrpfads.

Wir gehen auf den Hauptweg zurück und über die erste Kreuzung hinweg. An der nächsten Kreuzung halten wir uns rechts und folgen dem Schild zur Wassertretstelle. Rechts von uns ist jetzt ein sogenanntes Altwaldgebiet. Das bedeutet, dass dort besonders viel Alt- und Totholz ist. Wer hier spazieren geht, muss häufiger als sonst im Wald üblich mit umstürzenden Bäumen und abbrechenden Ästen rechnen. Das gilt natürlich besonders bei Wind.

An der nächsten Kreuzung gehen wir geradeaus. Nach insgesamt etwa 3,5 Kilometern erreichen wir unser erstes Ziel, die **Wassertretstelle 1.** Sie ist vor allem im Sommer ein beliebter Ort, um sich die warmgelaufenen Füße zu kühlen.

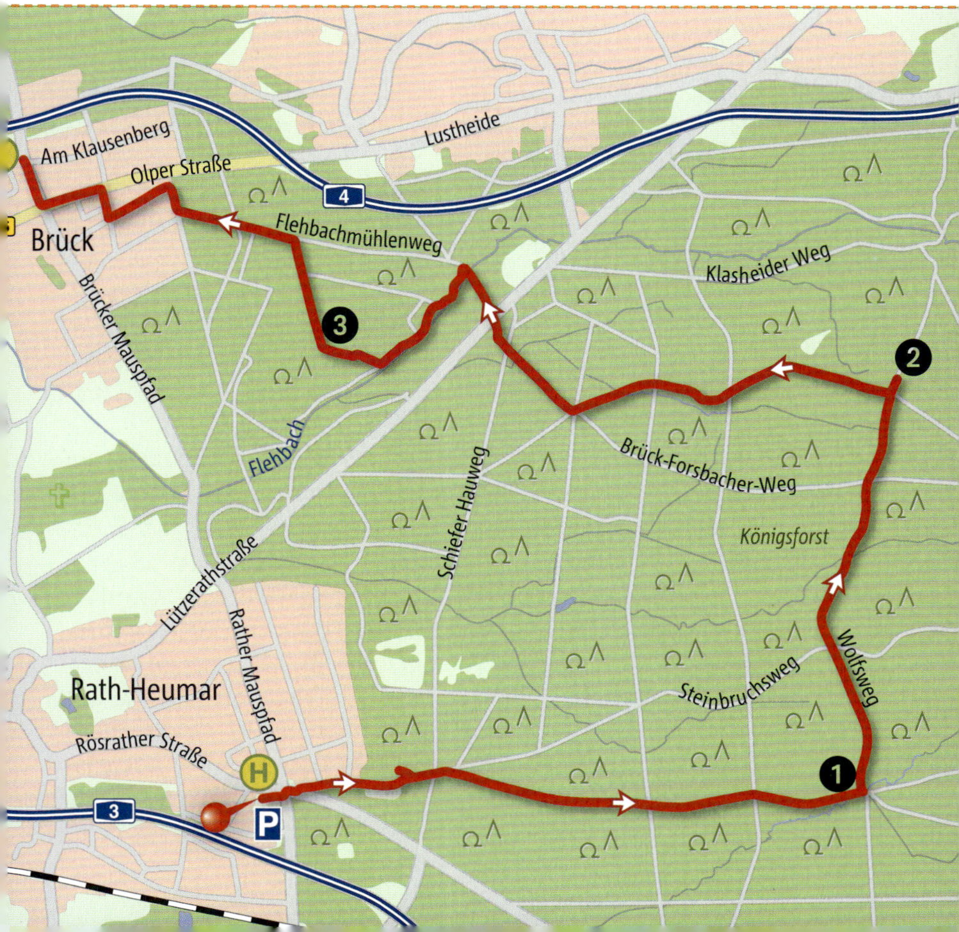

Wassertretstelle

Außerdem gibt es eine Schutzhütte mit Tisch und Bänken – kein Wunder, dass speziell hier besonders gerne gepicknickt wird. Links der Wassertretstelle geht der Wolfsweg ab. Er führt uns in Richtung unseres zweiten Ziels, dem Monte Troodelöh. Wie sich das für einen Ort gehört, der den Begriff „Monte" im Namen trägt, geht es jetzt natürlich den Berg hinauf.

Wer auf dem höchsten Punkt ankommt, hat sein Ziel aber noch nicht erreicht. Denn tatsächlich liegt der höchste Punkt im Königsforst nicht auf Kölner Stadtgebiet, sondern gehört zu Bergisch Gladbach. Darum müssen wir erst ein wenig den Berg hinabgehen, um einen zweiten Anstieg hinter uns zu

Auf dem Gipfel

Eintrag ins Gipfelbuch

bringen. Dann stehen wir auf dem höchsten Punkt Kölns. Das ist der **Monte Troodelöh 2,** der nach seinen drei Entdeckern **Troo**st, **De**dden und **Löh**mer heißt. Er liegt 118 Meter über dem Meeresspiegel. Übersehen kann man diesen Punkt nicht. Wie es sich für einen Berggipfel gehört, gibt es hier einen Findling mit Plakette, in einem kleinen Blechkasten rechts am Stein befindet sich außerdem ein Gipfelbuch mit Stempel, und daneben steht eine kleine Schutzhütte. Sie ist ein beliebtes Fotomotiv. An sonnigen Wochenenden kann sich eine kleine Warteschlange bilden, damit man sein Beweisfoto von der Bezwingung des Monte Troodelöh machen kann. Wer es auf den aus Kölner Sicht steilen Berg geschafft hat, sollte sich etwas Zeit nehmen, um im Gipfelbuch zu lesen. Dort beschreiben Wanderer äußerst humorvoll ihren beschwerlichen Aufstieg. Leider ist das Gipfelbuch nicht immer in gutem Zustand, mehrfach musste es auch schon ausgetauscht werden.

Wir machen uns auf den Rückweg.

Um zu unserem Ziel in Brück zu kommen, müssen wir vom Monte Troodelöh einige Schritte zurückgehen. Dann führt rechts der Bergmannspfad hinab. Bald überquert man den Rennweg. Jetzt wird unser Abstieg etwas schmaler und natürli-

cher als bisher. Als Nächstes erreichen wir einen Platz, auf dem sechs Wege sternförmig zusammenstoßen. Wir nehmen nicht den ersten Reitweg rechts von uns, sondern den zweiten Weg zu unserer Rechten. So kommen wir nach kurzer Zeit an eine weitere Schutzhütte, die „Am dicken Stock" heißt. Hier folgen wir den Schildern Richtung Wildgehege Brück, dazu überqueren wir den Schiefer Hauweg.

Wildschweine im Wildpark

Nachdem wir über einige Kilometer keine Großstadtgeräusche gehört haben, nehmen wir jetzt wieder das Brummen von Motoren wahr. Denn vor uns ist die **Lützerathstraße.** Sie überqueren wir und gehen geradeaus weiter, wieder in den Wald hinein. Nach wenigen Metern erreichen wir eine kleine Brücke. Direkt danach geht links ein schmaler Weg entlang eines Baches weiter in den Wald hinein. Nach den vielen breiten und geradlinigen Wegen freuen wir uns jetzt über einen schmalen Pfad, der sich durch die Bäume windet.

Den Weg, der bald nach rechts abbiegt, beachten wir nicht. Wir gehen geradeaus weiter am Flehbach entlang. So kommen wir in den **Wildpark in Brück 3.** Hier sieht man große und kleine Wildschweine hinter den Zäunen, die es ganz spannend finden, dass sich viele junge und alte Besucher davor drängen, um einen Blick auf die Tiere zu erhaschen. Wir gehen über die **Holzbrücke** weiter geradeaus, und dann gegenüber einer Sitzbank mit Tisch rechts. Dieser Weg führt uns nach Köln-Brück. Doch bis wir dort ankommen, passieren wir noch eine weitere Schutzhütte und kommen wieder auf einen Waldlehrpfad. An dieser Kreuzung nehmen wir die zweite Straße links von uns, die uns direkt auf ein Häuschen mit rotem Dach zuführt. Das ist schon der Beginn der Stadt.

An den Häusern angekommen, gehen wir rechts auf der Straße Am Wildwechsel. Dann biegen wir links in die Königsforststraße ein. Rechts kommt dann die Hoffnungsthaler Straße, die uns zur Olpener Straße führt. Dort halten wir uns links. Jetzt sind wir also in Brück, einem Stadtteil des Stadtbezirks Kalk. Durch Köln-Brück führt die A4. Zwei weitere wichtige Straßen sind die Olpener Straße, auf der wir jetzt unterwegs sind, und der Brücker Mauspfad. Die Olpener Straße ist Teil der Bundesstraße 55, die im Prinzip einmal durch Köln und bis Bergisch Gladbach führt. An der Kreuzung mit dem Brücker Mauspfad gehen wir rechts und erreichen so nach etwa 350 Metern die gleichnamige KVB-Haltestelle, von der aus wir zurück in die Stadt fahren.

Pausenbank im Wildgehege

10 DIE SEEN IM NORDEN

Start: Haltestelle Görlinger-Zentrum, 50829 Köln (GPS: 50.98058, 6.87009)
Ziel: S-Bahnhof Chorweiler-Nord, 50765 Köln
Länge: ca. 11 Kilometer
Dauer: ca. 2,5 Stunden
ÖPNV: Haltestelle Görlinger-Zentrum, Stadtbahn 3; Rückkehr zum Ausgangspunkt: S11 bis Köln-Longerich, dann Bus 127 Richtung Ebertplatz bis Schumacherring, im Anschluss ein kurzes Stück zu Fuß
Parken: in den umliegenden Straßen

Unterwegs entdeckt:
1 Naturschutzgebiet
2 Esch
3 Bundesamt für Verfassungsschutz
4 Olof-Palme-Park

Essen + Trinken:
Die Tour führt durch viel Natur. Es bietet sich an, auf einer der vielen Sitzbänke Pause zu machen und sich Essen und Trinken mitzubringen.

Plattes Land und Betonburgen

Im Norden der Stadt stoßen Naturschutzgebiete auf Hochhäuser. Das ist eine faszinierend merkwürdige Komposition. Angereichert wird sie mit Stadtteilen, die einen so dörflichen Charakter haben, dass man nicht glauben mag, in einer der größten Städte Deutschlands unterwegs zu sein. Kulturelle Highlights gibt es hier zwar eher nicht. Dafür Wald- und Wiesenwege, die wahrscheinlich noch nicht jeder Kölner kennt.

Die Ankunft im Görlinger-Zentrum ist zunächst ernüchternd: Hier sind viele Mehrfamilienhäuser, alles wirkt etwas anonym und zubetoniert. Wir lassen uns nicht davon verwirren, dass hier alle Straßen „Schumacherring" oder „Görlinger-Zentrum" zu heißen scheinen, sondern folgen einfach dem Schumacherring, von der Haltestelle kommend in Fahrtrichtung durch die **Häuserschluchten.** Links von uns gibt es einige Supermärkte und Läden. Dort können sich diejenigen noch schnell mit Snacks und Getränken versorgen, die nichts eingepackt haben.

Dann gehen wir aber geradeaus weiter, bis wir eine Straße kreuzen. Auf ihrer anderen Seite folgen wir dem schmalen Michelsweg. Er führt links an einem kleinen Park vorbei, rechts an weiteren hohen **Betonklötzen.** Nach dem Park erreichen wir ein Wohngebiet mit kleineren Häusern. An der Unteren Dorfstraße gehen wir rechts, dann gleich wieder links in die Dohmengasse. So erreichen wir die Obere Dorfstraße und gehen wieder links. Nach wenigen Metern biegen wir in den Stöckheimer Weg ein. Jetzt sehen wir vor uns schon bald die Autobahnunterführung. Gleich sind wir im Grünen und lassen die letzten Häuser von Köln-Bocklemünd hinter uns.

Wir wandern durch ein Naturschutzgebiet.

Nachdem wir unter der A1 hindurch sind, gehen wir rechts. Links von uns ist ein Industriegelände, rechts von uns die Autobahn, und man glaubt nicht, dass hier gleich ein Naturschutzgebiet sein wird. Dabei beginnt es bereits an der nächsten Kreuzung, am Ende der Bebauung. Wir gehen dort

Stöckheimer See

jedoch links unter hohen **Strommasten** hindurch. An der nächsten Ecke stoßen wir auf einen ersten See. Leider ist er ziemlich gut versteckt hinter dichtem Gebüsch und mit einem löchrigen Zaun von unserem Weg abgetrennt. Aber ab und zu kann man doch einen Blick aufs Wasser erhaschen. Würden wir hier geradeaus weitergehen, lägen links von uns zwei weitere kleine Seen und dahinter der Pulheimer See. Wir biegen aber rechts ab. Auf dieser schmalen Straße ist man immer begleitet vom Rauschen der Autobahn, von vielen anderen Fußgängern und Läufern.

Nach wenigen Minuten überqueren wir den Auweilerweg und schlängeln uns durch einen der kleinen Trampelpfade. So erreichen wir die rechte untere Ecke des Pescher Sees. Der See ist **Landschaftsschutzgebiet** 1. Baden im See ist genauso verboten wie das Betreten des Ufers. Wenn es besonders ruhig ist, kann man dafür das Geschnatter der Wasservögel vom See her hören. Wir folgen dem Seeufer nach links. Am Seeende halten wir uns links. Jetzt überqueren wir in einer Kurve die Pescher Straße und gehen wenige Meter nach rechts. Dann führt uns ein links abzweigender schmaler Weg schon an einem weiteren kleinen See entlang. Vom Wasser sehen wir auch hier nicht viel – dafür genießen wir links den weiten Blick über die Felder. An der T-Kreuzung gehen wir rechts und folgen dem Weg, der dem See am nächsten kommt. So erreichen wir den Escher See. Hier kann im Sommer Urlaubsgefühle bekommen, wer auf der anderen Seite in den Beach Club geht.

Spaziergang durchs Dorf.

Wir kommen am Ende dieser Seite des Sees auf einen Fußweg, der uns in den Stadtteil Esch/Auweiler führt. Er gehört zum Stadtbezirk Chorweiler. **Esch 2** und Auweiler waren Dörfer, die 1975 nach Köln eingemeindet wurden. Der Fußgängerweg führt an Wohnhäusern mit Gärten vorbei bis zur Auweilerstraße. Geht man dort rechts, wird man im Prinzip einmal durch Esch geführt, das noch immer einen dörflichen oder höchstens kleinstädtischen Charakter hat.

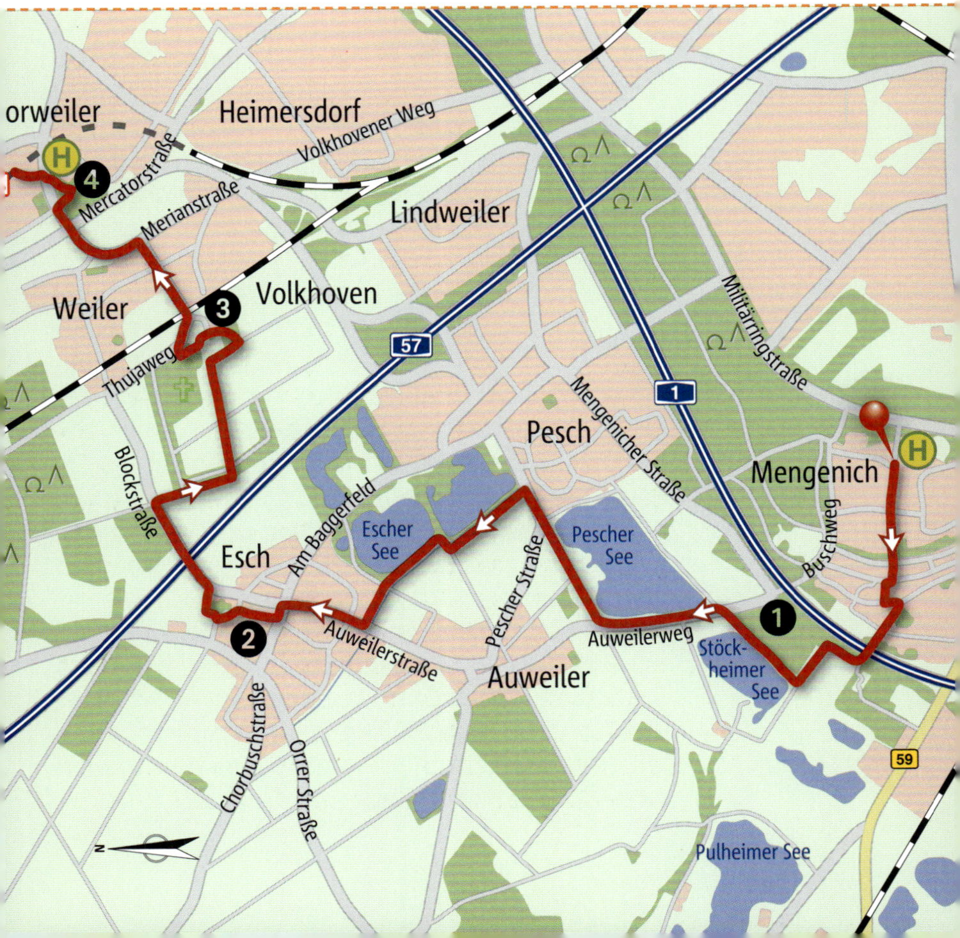

In Esch

An der Kreuzung mit der Chorbuschstraße beziehungsweise der Straße Am Baggerfeld gehen wir links und biegen dann gleich wieder rechts in die Griesberger Straße ab. Jetzt kommen wir an alten Häusern und Höfen vorbei. Wer noch an der dörflichen Vergangenheit des Ortes gezweifelt hat, wird spätestens hier eines Besseren belehrt. Die Frohnhofstraße führt uns dann in einem kleinen Bogen zum schmalen Weg Am Kirchberg. An seinem Ende steht die **Sankt Martinuskirche,** links davon ist der Friedhof. Wir überqueren ihn und kommen so auf die Straße An der Dränk. Auch hier haben wir wieder viele Felder vor uns und vergessen leicht, dass wir in einer Großstadt unterwegs sind.

St. Martinuskirche

Rechts von uns ist jetzt die Weilerstraße, die uns unter der A 57 hindurch nach Chorweiler führt. Ihr folgen wir einige Meter, bis nach der Autobahn ein Feldweg rechts zwischen den Feldern hindurch auf einen kleinen Wald zuführt. Dort biegen wir ein. Links von uns sehen wir jetzt schon die Hochhäuser in Chorweiler, vor uns aber noch viel Natur. Unser Weg führt uns zwischen den Feldern und dem Waldrand entlang und biegt schließlich links in das Wäldchen ab. Wir durchqueren es auf wenigen Metern und spazieren durch die Felder auf Chorweiler zu. Links von uns können wir bald den Friedhof erahnen. Um ihn zu erreichen, müssen wir jedoch einen Bogen gehen: Der Weg durch die Felder führt uns noch einmal nach rechts, dann geht bald

Auf dem Friedhof in Esch

links ein Weg durch ein weiteres Wäldchen an einem Wohngebiet entlang auf einen Platz. Dort ist links in der Ecke der **Friedhof Chorweiler.**

Wir machen einen kleinen Umweg über den Friedhof und unter seinen hohen Bäumen hindurch, indem wir innerhalb der Friedhofsmauern den Weg ganz rechts nehmen. Er führt uns zu dem Ausgang am Thujaweg. Dieser Weg bringt uns nach wenigen Metern an die Unterführung der Bahngleise. Jetzt sind wir auf dem Fühlinger Weg, der uns weiter nach Chorweiler-Zentrum führt. An der Kreuzung mit der Merianstraße müssen wir einen großen Bogen nach links gehen, denn hier ist das **Bundesamt für Verfassungsschutz 3.** Man kann es nicht übersehen: Es ist von hohen Zäunen umgeben, und an seinem Eingang flattern Fahnen, die auf die Institution hinweisen. Das Bundesamt für Verfassungsschutz ist der Inlandsnachrichtendienst der Bundesrepublik. Seine Aufgabe ist es unter anderem, Schaden vom Staat, von der freiheitlichen demokratischen Grundordnung und von der Bevölkerung abzuwehren. Es sammelt Informationen über extremistische und terroristische Bestrebungen und wertet diese aus. Außerdem fällt in seinen Aufgabenbereich die Spionageabwehr.

Im Olof-Palme-Park

Im Olof-Palme-Park

Wir gehen vor dem Gelände des Bundesamtes nach links. Die Merianstraße führt über die verkehrsreiche Mercatorstraße. Rechts von uns sind jetzt vielstöckige Wohngebäude zu sehen. Sie gelten als eine der größten **Plattensiedlungen** in Nordrhein-Westfalen. Dementsprechend wohnen dort sehr viele Menschen auf engem Raum – und das bringt auch Probleme mit sich. Vor den Hochhäusern ist jedoch noch eine grüne Oase, der **Olof-Palme-Park.** Olof Palme war schwedischer Ministerpräsident. Er wurde 1986 in der Stockholmer Innenstadt erschossen.

Wir gehen in einem Bogen durch den nach ihm benannten Park, indem wir den Eingang rechts von uns und den Ausgang links hinten in der Ecke benutzen. Im Park gibt es einige Sitzbänke, Skulpturen – und natürlich viele Besucher, die das bisschen Natur zwischen den Betonschluchten genießen. Der Weg führt aus dem Park hinaus auf das Marie-Juchacz-Pflegezentrum der AWO und die Themsepromenade zu. Wer hier nach rechts blickt, sieht die dichte Stadtbebauung Chorweilers. Wir gehen aber nach links und über eine Rampe beziehungsweise Treppen über die Merianstraße auf den baumbestandenen Weserplatz. Dort führt unter einem hohen Dach eine Rolltreppe zum unterirdischen S-Bahnhof Chorweiler-Nord.

S-Bahnstation Chorweiler

11 QUEER DURCH DIE INNENSTADT

Start: Marienplatz, 50676 Köln (GPS: 50.93402, 6.95748)
Ziel: Schaafenstraße, 50676 Köln
Länge: ca. 8 Kilometer
Dauer: ca. 2 Stunden
ÖPNV: von der Haltestelle Heumarkt aus über den Lichhof an der Kirche Sankt Maria im Kapitol; Rückkehr zum Ausgangspunkt: Stadtbahn 1 vom Rudolfplatz bis zum Heumarkt. Schneller und einfacher: zu Fuß. Es ist nur ein knapper Kilometer.
Parken: Parkhaus Kaufhof, Cäcilienstraße, 50667 Köln

Unterwegs entdeckt:

1 Kölner Frauengeschichtsverein
2 Schwule Sauna Vulcanus
3 Namen und Steine
4 Mahnmal für die schwulen und lesbischen Opfer des Nationalsozialismus
5 Star-Treff Follies
6 Filmpalette
7 Badehaus Babylon
8 Jugendzentrum Anyway
9 Rich Club Cologne
10 Jean-Claude-Letist-Platz
11 Rubicon
12 Bermudadreieck

Essen + Trinken:

Die Tour führt durch die Innenstadt. Dort gibt es sehr viele Restaurants, Cafés und Bars. Speziell in der Schaafenstraße sind außerdem Kneipen und Bars, in denen sich die schwul-lesbische Gemeinde trifft.

Unter der Regenbogenfahne

Schwul, lesbisch, bisexuell, intergeschlechtlich oder Transgender: Die Stadt Köln hat es sich zum Ziel gesetzt, sexuelle Diskriminierung zu bekämpfen und die Vielfalt zu fördern. Darum ist sie auch Mitglied im Rainbow Cities Netzwerk – zusammen mit Amsterdam, Barcelona, Oslo, Berlin und vielen anderen. Köln gilt als beliebtes Reiseziel für die LGBT*-Community (LGBT* ist die Abkürzung für „lesbian, gay, bisexual, trans*", wobei das * für weitere Geschlechtsidentitäten steht) – nicht zuletzt wegen des jährlich stattfindenden Christopher Street Days. Die Parade ist eine der größten in Europa. Unser Spaziergang durch die Innenstadt führt uns zu wichtigen Plätzen für die schwul-lesbische Community, die teilweise nicht ganz so offensichtlich sind. Auf dem Weg kommen wir außerdem an anderen für Köln wichtigen Orten vorbei.

Wer sich mit Schwulen und Lesben in Köln unterhält, wird oft eines hören: „Früher gab es mehr Kneipen, Bars, Cafés und andere Orte, an denen wir uns unter Gleichgesinnten getroffen haben." Die Gründe, warum sich das geändert hat, scheinen vielfältig zu sein. Die einen sagen, man bräuchte solche geschützten Rückzugsorte nicht mehr, weil das Küsschen zwischen zwei Frauen oder zwei Männern in der Öffentlichkeit in der Zwischenzeit normal und gesellschaftlich anerkannt sei. Andere sagen, die digitalen Kennenlernplattformen hätten die analogen Annäherungsorte überflüssig gemacht. Auch die Wirtschaftlichkeit könnte eine Rolle spielen: Wenn es sich für die Inhaber von Cafés und Bars nicht rechnet, ein spezielles Angebot für Angehörige einer sexuellen Richtung zu öffnen, schließen sie. Oder sie öffnen sich für ein breiteres Publikum – und heben sich damit nicht mehr von der Konkurrenz ab.

Neben Kneipen und Bars gibt es aber noch viel mehr Plätze, Organisationen und Institutionen, die sich die Regenbogenfarben auf die Fahne schreiben. Sie prägen ebenfalls, wie die LGBT*-Community in einer Stadt wahrgenommen wird. Solche Orte gibt es auch in Köln – viele in der Innenstadt,

Was alles
NICHT AUF UNSEREM WEG LIEGT

Köln hat für Menschen jeglicher Sexualität und jeden Geschlechts noch mehr zu bieten. Allerdings liegen nicht alle Orte zentral. So gibt es beispielsweise noch das AQUK, das autonome Queerreferat der Universität zu Köln. Die Bibliothek in der Universitätsstraße 16 ist mittwochs geöffnet. Das Centrum Schwule Geschichte liegt am Gustav-Heinemann-Ufer 58. Es wurde 1984 als Arbeitskreis gegründet und zählt zu den ältesten Spezialarchiven zur Geschichte der Schwulen in Deutschland. Das Centrum organisiert unter anderem Ausstellungen, Lesungen und Vorträge.

Köln hat auch eine eigene Frauentanzschule, die Swinging Sisters (Venloer Straße 725 in Köln-Bickendorf). Dort werden auch Queerkurse angeboten. Ebenfalls auf der Venloer Straße (Hausnummer 561), aber nicht ganz so weit außerhalb, ist die „Villa anders“ Sie ist das bundesweit erste queere Mehrgenerationenwohnprojekt, in dem Lesben, Schwule, Bi- und Transsexuelle mit Heterosexuellen unter einem Dach leben. Im benachbarten Neu-Ehrenfeld findet im Café Franck regelmäßig die Ladies-Night-Party 30 Karat statt.

Wer sowieso in Ehrenfeld unterwegs ist, könnte noch bei weniger vergnüglichen Orten vorbeischauen: Auf dem Melatenfriedhof hat die Aidshilfe Köln seit 2009 eine Patenschaft für ein historisches Grabmal übernommen, damit Menschen aus ihrem Umfeld eine würdige Begräbnisstätte bekommen. Außerdem befinden sich dort die Gräber des Schauspielers und Komikers Dirk Bach und von Guido Westerwelle, einem der ersten offen schwulen Politiker in Deutschland. Er war FDP-Chef und Bundesaußenminister.

etliche auch in den anderen Veedeln. Unsere Tour auf der Spur des Regenbogens beginnt an einem solchen Ort, der leicht übersehen werden kann: Am Marienplatz 4, im Schatten der Kirche Maria im Kapitol, residiert nämlich der Kölner **Frauengeschichtsverein e. V.** **1**. Er hat es sich zum Ziel gesetzt, Frauengeschichte und -geschichten durch Ausstellungen, Vorträge und Rundgänge sichtbar zu machen. In seinem Archiv dokumentiert er Frauenbewegungs-, Lesben- und Migrantinnengeschichte von 1968 bis heute in Köln und im Umland. Im Archiv findet man Schriftstücke aus Vor- und Nachlässen von Frauen und Aktenbestände von Vereinen oder Gruppen wie beispielsweise dem früheren Schwulen- und Lesbenzentrum SCH.U.L.Z., der Homosexuelle Frauen-

Aktion Köln – und von vielen anderen. Das Büro ist dienstags und donnerstags zwischen 10 und 13 Uhr besetzt.

Gegenüber dem Frauengeschichtsverein ist übrigens eine der schwulen Saunen Kölns, das **Vulcanus 2.** Es versteht sich selbst als Sauna für die Reiferen und deren Fans. Links vom Frauengeschichtsverein, in der Stephanstraße, gibt es außerdem eine schwule Kneipe. In der Stephanstraße und auf dem Marienplatz fanden 1991 und 1992 die ersten Straßenfeste im Rahmen des „Cologne Lesbian/Gay Freedom Day and Celebrations" statt.

Wir gehen vom Marienplatz in Richtung der Kirche Sankt Maria im Kapitol. Hier könnte man auch auf die Tour zu den Glaubensorten wechseln. So kommen wir durch den spitzen Torbogen auf den Lichhof, den Vorplatz der Kirche. Der Lichhof ist ein sehr ruhiger und schöner Platz mit Bänken, um bei gutem Wetter in der Sonne zu sitzen und Abstand vom Großstadtgetümmel zu bekommen. Unser Weg führt uns von dort rechts die Treppen nach unten Richtung Rhein. An der Straße

Lichhof

Am Malzbüchel gehen wir links und kommen so zum Heumarkt. Ihn erreichen wir durch die Unterführung direkt vor uns an der Bahnhaltestelle. Auf dem Heumarkt befindet sich während der jährlich im Sommer stattfindenden ColognePride immer die Hauptbühne. Dort findet außerdem jährlich am Abend vor der CSD-Demonstration, umgangssprachlich Parade, die Gedenkminute zur Erinnerung an die Menschen statt, die an den Folgen von HIV und Aids gestorben sind. Dabei zünden alle, die dabei sein wollen, Kerzen an.

Der CSD IN KÖLN

Was heute als CSD oder Cologne Pride bekannt ist, hatte im Laufe der Jahre viele unterschiedliche Namen – aber laut Kölner Lesben- und Schwulentag eine stetig steigende Zahl an Teilnehmern und Zuschauern:

1979 **Gay Freedom Day, Saalveranstaltung mit 1500 Teilnehmern**

1981 **Der Gay Freedom Day wird von jetzt an mit einer Demonstration gefeiert; in diesem Jahr waren 300 bis 500 Teilnehmer dabei**

1987 **Mehr als 1000 Teilnehmer beim Gay Freedom Day**

1991 **Nach einer Pause wird jetzt der „Cologne Lesbian/Gay Freedom Day and Celebrations" als Straßenfest mit abschließender Demonstration gefeiert; bei der Demonstration waren etwa 1500 Teilnehmer dabei**

1992 **Kölner Lesben- und Schwulentag mit etwa 3000 Teilnehmern bei der Demonstration, etwa 5000 am Straßenfest**

1995 **Bis zu 30.000 Menschen nehmen an der Demonstration zum Christopher Street Day (CSD) teil**

1996 **Um die 150.000 Zuschauer beim CSD**

2002 **Die Europride findet in Köln statt – 50.000 Teilnehmer in der Demonstration und etwa 1,5 Millionen Zuschauer**

Den Heumarkt überqueren wir nach rechts. An dem großen Reiterdenkmal zu Ehren von König Friedrich Wilhelm III. vorbei kommen wir so Richtung Rhein. Dort sehen wir, bevor wir das Wasser erreichen, im Boden die quadratische Kunstinstallation **Namen und Steine 3,** das ist das so genannte Kalte Eck. Der Künstler Tom Fecht hat in den 1990er-Jahren damit angefangen, die Namen von Menschen, die an den Folgen von Aids gestorben sind, in Pflastersteine zu schreiben. Sie sind an vielen öffentlichen Plätzen in ganz Europa eingelassen – so eben auch in Köln. Jährlich zur ColognePride werden neue Namenssteine gesetzt.

Von hier gehen wir am Rhein entlang nach links auf die Hohenzollernbrücke zu. Bevor wir sie erreichen, steht etwas unscheinbar, versteckt und leider auch oft schmutzig unser nächstes Ziel: das **Rosa-Winkel-Mahnmal 4.** Es erinnert an die schwulen und lesbischen Opfer des Nationalsozialismus.

Regenbogenbunte VERANSTALTUNGEN

Die ColognePride ist für die schwul-lesbische Community sicherlich der Höhepunkt jedes Jahres. Sie ist übrigens deutlich mehr als die schrille und laute Parade, die, einem Karnevalszug ähnlich, durch die Stadt zieht. Während der ColognePride werden zwei Wochen lang Workshops, Filme, Konzerte, Talkrunden oder Infoabende angeboten. Im Rahmen des Welt-Aids-Tags im Dezember findet außerdem regelmäßig die Nacht der Lichter statt. Sie will unter anderem an die Menschen erinnern, die an den Folgen von HIV und Aids gestorben sind. Ein weiteres Highlight ist jährlich im Spätsommer der Run of Colours, ein Benefizlauf zugunsten der Aidshilfe Köln. Im Frühsommer findet außerdem der Come-Together-Cup Köln am Stadion statt, ein Fußballturnier, das ein Zeichen gegen Ausgrenzung und für Vielfalt setzt. Auch der Karneval ist bunt(er) geworden: So gibt es beispielsweise die Rosa Funken, das Erste lesbische Mariechen-Tanzcorps Maria laach aus Köln von 2001 und die StattGarde Colonia Ahoj.

Namen und Steine

Von dort gehen wir die Stufen hoch und dann rechts am Dom vorbei Richtung Hauptbahnhof. Rechts nehmen wir die breite, geschwungene Treppe, die nach unten führt, überqueren die Straße Am Domhof und gehen links durch die Unterführung unter den Bahngleisen hindurch. So erreicht man den Breslauer Platz. Hier ist es üblicherweise ziemlich hektisch. Rechts vom Breslauer Platz ist der blaue Musical Dome. Dort wird unter anderem immer wieder die „Rocky Horror Show" aufgeführt. Im Kultmusical tragen einige Protagonisten Strapse und Mieder. Und in einem der wichtigsten Songs heißt es „I'm just a sweet transvestite from Transexual, Transylvania".

Wir gehen an der Bahnhofsseite entlang. Die Straße dort führt leicht bergan, um die viel befahrene Turiner Straße zu

Rosa-Winkel-Mahnmal

überqueren. So kommen wir zum Felix-Rexhausen-Platz. Rexhausen, 1932 geboren und 1992 gestorben, war ein schwuler Journalist und Schriftsteller, Mitbegründer der deutschen Sektion von Amnesty International. Wir folgen der Straße nach rechts. Links ist jetzt der **Star-Treff Follies 5,** ein Theater mit Travestie und Cabaret-Shows. Unser Weg führt geradeaus weiter am Hotel Savoy mit der rotplüschigen Divas-Bar vorbei und links in die Machabäerstraße. So kommen wir auf den Eigelstein. Hier gibt es sehr viele Kneipen, Cafés, Imbisse und Restaurants für alle, die jetzt eine Pause brauchen. Links vom Eigelstein geht die Straße Im Stavenhof ab, bis in die 1960er-Jahre ein kölsches Rotlicht-Viertel, heute eine sehr idyllische Seitenstraße. Geradeaus auf dem Eigelstein weiter kommen wir zur Eigelsteintorburg, eines der drei verbliebenen mittelalterlichen Stadttore. Rechts neben dem Tor, leicht zu übersehen, hängt weit oben ein kleiner Schiffsrumpf. Er erinnert an den Untergang des Kreuzers Cöln, der im Gefecht vor Helgoland am 28. August 1914 sank. Dabei kamen rund 500 Besatzungsmitglieder ums Leben.

Startreff

Nicht weit von der Eigelsteintorburg, auf der anderen Seite der Turiner Straße, ist die Hochschule für Musik und Tanz. Dort probt mittwochabends der Schwullesbische Chor Köln. Unser Weg führt uns allerdings links an der Eigelsteintorburg vorbei in die Lübecker Straße. An ihrem Ende ist die **Filmpalette 6,** ein Filmkunstkino, in dem regelmäßig queere Filme laufen. Am Hansaring gehen wir links. Wer keine Lust mehr hat, weiter durch Köln zu streifen, kann hier in die U- oder S-Bahn steigen und an ein anderes Ziel fahren. Wir kommen jetzt auf unserer Tour an einigen interessanten Punkten vor-

Am Eigelstein

bei, die allerdings nichts mit dem schwul-lesbischen Leben in der Stadt zu tun haben. Vor uns ist zunächst der Backsteinturm mit dem „Saturn"-Logo. Das ist das Hansahochhaus, das 1925, als es gebaut wurde, eines der ersten Hochhäuser in Deutschland war. Noch vor der Eisenbahnbrücke biegen wir links in die Weidengasse ab. Hier gibt es sehr viele türkische Imbisse. Unser Weg führt uns rechts in den Gereonswall, unter der Eisenbahn hindurch und dann links in die Hamburger Straße. Über die zweite Straße rechts, die Plankgasse, erreichen wir die Straße Klingelpütz. Was so nett klingt, war früher keine gute Adresse: Hier befand sich das Kölner Gefängnis. Speziell im Nationalsozialismus wurden dort viele Häftlinge hingerichtet. 1965 kam es zur Klingelpütz-Affäre, bei der ein Journalist des Kölner Express aufgedeckt hatte, dass Mitarbeiter Gefangene unter anderem mit Knüppeln, Zwangsbädern und Elektroschocks misshandelt hatten.

Filmpalette

Wir folgen der Straße Klingelpütz über die Victoriastraße und kommen so zur Zentrale der Klosterfrau Healthcare Group. Das Pharmaunternehmen stellt den bekannten **Klosterfrau Melissengeist** her – aber auch Halsschmerztabletten und Mittel gegen Schnupfen und Blasenentzündungen. So erreichen wir die Gereonstraße, die wir überqueren. Auf der Grünfläche liegt ein großer, steinerner Kopf. Die Skulptur zeigt den Kopf des heiligen Gereon, der ihm abgeschlagen worden sein soll, weil er an seinem christlichen Glauben festhielt. Nach Sankt Gereon ist auch die Kirche rechts von uns benannt. Durch ein schmales Tor rechts

St. Gereon

Babylon

von der Kirche gehen wir an ihr entlang und kommen so zum Gereonskloster. Gegenüber ist das Hotel The Qvest. Früher war hier das alte Historische Archiv der Stadt. Hinter dem Gebäude ist das Gerling-Quartier: Auf dem Gelände war einst die Zentrale der Gerling-Versicherung. Heute sind dort Wohnungen.

Unsere Tour führt uns aber vor der Kirche nach links durch einen Fußgängerweg. Jetzt erreichen wir die Friesenstraße und gehen rechts. Auf der linken Seite ist das **Badehaus Babylon 7**, eine weitere Sauna für Schwule. Am Ende der Friesenstraße überqueren wir den Friesenplatz und gehen auf dem Hohenzollernring nach rechts. Bei nächster Möglichkeit biegen wir links in die Bismarckstraße ab. An der nächsten Ecke ist links die Kamekestraße. In der Hausnummer 14, di-

Anyway

rekt auf der Ecke ist das **Jugendzentrum Anyway 8.** Hier gibt es unter anderem Workshops zu sexueller und geschlechtlicher Vielfalt, LSBTIQ*-Beratung und ein Café für junge Menschen bis 27 Jahre. Wer sich nicht ins Anyway traut, kann vor seinem ersten Besuch den sogenannten Come-in-Service in Anspruch nehmen: Dann trifft man sich außerhalb mit einem Mitarbeiter, um nicht alleine diesen möglicherweisen großen Schritt gehen zu müssen.

Geradeaus spazieren wir über die Venloer Straße beziehungsweise den Friesenplatz in die Brabanter Straße und mitten hinein ins belgische Viertel. Hier treffen sich besonders im Sommer viele junge Menschen in den Straßen – sehr zum Leidwesen der Anwohner. Im belgischen Viertel gibt es auch viele nette, kleine Läden, Bars und Restaurants. In der Brabanter Straße, nicht mehr weit von der Aachener Straße entfernt, ist der **Rich Club Cologne 9,** in dem seit 2005 regelmäßig Oriental-Partys für Schwule und Lesben stattfinden. Nachdem wir die Aachener Straße überquert haben, kommen wir zur Richard-Wagner-Straße. Dort ist auf der rechten Seite eine weitere Schwulen-Sauna, die Phoenix.

Wo viele Freizeitvergnügungen sind.

Wir überqueren die Richard-Wagner-Straße und kommen auf die Händelstraße. Dort gibt es einen Laden, der auf Fetischkleidung für Herren und Damen spezialisiert ist. Die Händelstraße führt uns zum **Jean-Claude-Letist-Platz 10.** Letist war ein Vorkämpfer für die Menschenrechte von Lesben und Schwulen und Gründungsmitglied der Aidshilfe Köln. Wir biegen an dem ihm gewidmeten Platz scharf links ab in die Lindenstraße. Ihr folgen wir bis zum Habsburgerring und gehen dann rechts. Geradeaus im Hohenstaufenring 42 sitzt der Sport Club Janus, dem nach eigenen Angaben größten und ältesten schwul-lesbischen Sportverein Europas.

Wir biegen jedoch links in die Rubensstraße ein. Vorher werfen wir aber noch einen Blick in die großen Schaufenster des Café Wahlen, das bei Schwulen besonders am Wochenende sehr beliebt ist. Wer also Lust auf Kaffee und Kuchen hat, sollte dort einkehren. Unser Weg führt uns die Rubensstraße entlang. Links ist jetzt das **Rubicon** **11**, die Beratungsstelle für bisexuelle, trans-, inter- und queerorientierte Menschen. Ziel des Rubicon ist, dass sie selbstbewusst und angstfrei leben und lieben können.

Noch ein Stück geradeaus erreichen wir die Straße Am Rinkenpfuhl und somit die ersten Kneipen im sogenannten **Bermudadreieck** **12**, dem zentralen Treffpunkt der schwul-lesbischen Community. Noch einmal links sind wir schließlich in der Schaafenstraße: Dort gibt es einige Kneipen, Bars und ein Fetischgeschäft. Zur Weihnachtszeit findet zwischen der Schaafen- und der Hahnenstraße der schwul-lesbische Weihnachtsmarkt statt, Heavenue genannt. Hier endet unsere Tour – gerne bei einem kühlen Getränk in einer der hiesigen Gaststätten.

Bermudadreieck

12 VON DER NEUSTADT NACH SÜLZ

Start/Ziel: Orangerie im Volksgarten, 50677 Köln (GPS: 50.92193, 6.94886)
Start/Ziel: Beethovenpark, 50937 Köln
Länge: ca. 10 Kilometer
Dauer: ca. 2,5 Stunden
ÖPNV: Haltestelle Eifelplatz Stadtbahn 12, über die Volksgartenstraße am Rand des Parks zur Orangerie; Rückkehr zum Ausgangspunkt: Stadtbahn 18 von der Haltestelle Klettenbergpark Richtung Buchheim bis Barbarossaplatz, dann umsteigen in die Stadtbahn 12 Richtung Zollstock
Parken: in den umliegenden Straßen

Unterwegs entdeckt:

1 Volksgarten
2 Vorgebirgspark
3 Fritz-Encke-Volkspark
4 Kalscheurer Weiher
5 Klettenbergpark
6 Beethovenpark

Essen + Trinken:

Die Tour führt durch viele Parks und Grünflächen mit wenig gastronomischem Angebot. Im Sommer könnte man sich jedoch direkt am Start im Biergarten des Volksgartens stärken.
Für unterwegs besser ein kleines Picknick einplanen.

Auf den Spuren von Fritz Encke

Wer war Fritz Encke? Stellt man diese Frage den Kölnern, bekommt man oft ein Achselzucken zur Antwort. Dabei müssten wir diesem Mann heute dankbar sein. Denn der Gartenarchitekt, königliche Gartenbau- und städtische Gartendirektor hat für Köln sehr viele Plätze und Parks entworfen. Unsere Tour führt uns durch den Südwesten der Stadt und durch einige von ihm geplante Grünflächen.

Parks sollen in den Großstädten die fehlenden Gärten ersetzen. Nach dieser Devise planten Fritz Encke und seine Kollegen Ende des 19., Anfang des 20. Jahrhunderts die Grünflächen in den Städten. Ziel war es, die Anlagen für alle Bürger attraktiv zu machen. Auch darum tragen viele den Begriff „Volk" im Namen. Neben Blumenbeeten sollte es darum beispielsweise Spielflächen und möglichst auch andere Nutzungsmöglichkeiten geben. Parks waren also schon damals Naherholungsgebiete.

Volksgarten

Encke entwarf zwischen 1903 und 1926 viele Kölner Grünflächen. Dazu gehören unter anderem der Blücher-, der Friedens- oder der Rheinpark. Unser Spaziergang beginnt allerdings im **Volksgarten 1**. Er wurde noch von Fritz Enckes Vorgänger Adolf Kowallek Ende des 19. Jahrhunderts nach den Prinzipien der damals modernen Parkgestaltung geplant. Heute gibt es dort einen Spielplatz, einen Weiher, auf dem man Bötchen fahren kann, einen Biergarten, Spazierwege, Grünflächen, einen Felsen- und einen Rosengarten. Wir steigen an der Orangerie in unsere Tour ein. Früher überwinterten dort frostempfindliche Pflanzen, heute wird Kultur geboten. Nach der Orangerie halten wir uns rechts. So kommen wir auf die große Wiese zu, folgen dem Weg nach rechts Richtung Weiher und gehen dann

Vorgebirgspark

schräg links auf das Ende des Parks und die Vorgebirgsstraße zu. Dort ist es durch die vielen Autos natürlich laut. Aber keine Sorge, wir haben es bald wieder grüner!

Wir biegen rechts ab und gehen unter den Bahngleisen hindurch. Auf Höhe eines Sportparks beziehungsweise des Südstadions überqueren wir die Vorgebirgsstraße, um vor dem Beginn der Bebauung links in einen schmalen Fußweg einzubiegen. So kommen wir in den **Vorgebirgspark 2** mit Basketballkörben und einem Skatepark. Er wurde von Fritz Encke 1914 entworfen. Neu war damals, dass man die Wiesen benutzen durfte – zum Spielen oder um darauf in der Sonne zu liegen. Wenn wir

Wir spazieren ein kurzes Stück durch Wohngebiete.

Vorgebirgspark

eine schmale Straße erreichen, die durch den Park führt, gehen wir links und sofort wieder rechts. Links von uns sind jetzt die Anlagen mit den Blumenbeeten, einem Wasserbecken und einem Rosengarten. Außerdem gibt es hier Tischtennisplatten und Picknicktische.

Am Wasserbecken entlang erreichen wir den Parkausgang an der Neuenahrer Straße. Hier gehen wir links und auf der Kreuznacher Straße rechts. Am Ende der Straße geht es links zwischen den Häusern hindurch und nach wenigen Metern auf einem Fußgängerweg rechts weiter. So kommt man durch ein neues **Stadtquartier.** Die Architekten haben zumindest teilweise den ehemals gewerblichen Charakter der Bebauung bewahrt. Früher war auf dem Gelände unter anderem eine Wäscherei. Es kann durchaus passieren, dass wir auf unserem Weg zwischen den Häusern hindurch von einem privaten Sicherheitsdienst angesprochen werden. Davon lassen wir uns nicht irritieren, wir sind auf öffentlich zugänglichem Gelände unterwegs.

Der Weg führt uns nach wenigen Metern links auf die Raderberger Straße und zu einer Mauer vor der Kirche Sankt Mariä Empfängnis. Hier gehen wir rechts und im Wendehammer durch ein Tor auf den Raderthalgürtel. Hier ist auf der linken Seite der **Deutschlandfunk.** Daneben war einst das Funkhaus der Deutschen Welle. Sie zog jedoch nach Bonn, und das Gebäude wurde aufgrund der hohen Asbestbelastung Stück für Stück abgebaut. Ab Sommer 2021 sollen dort Wohnungen entstehen.

Wir überqueren den Raderthalgürtel und biegen von der Brühler Straße gleich wieder links in die Hitzelerstraße ab. Dort halten wir uns sofort rechts und nehmen gleich den Fußweg, der rechts durch die Wiesen führt. Wenn sich der Weg nach einem lang gezogenen Stück teilt, folgen wir dem mittleren durch eine kleine Schrebergartenanlage auf die Sinziger Straße. Die überqueren wir, um in den **Fritz-Encke-Volkspark** **3** zu kommen. Der Name ist hier Programm: Natürlich gibt es einen Spielplatz, eine große Wiese, aber auch Blumenrabatten. Besonders ist hier der tempelartige Brunnen. Von dort geht man durch die gestaltete Parkanlage und dann links

Brunnen

über die Kardorfer Straße. Die Wiese scheint endlos zu sein. Das liegt daran, dass der Volkspark hier direkt in den Äußeren Grüngürtel übergeht. Wir nehmen aber nicht diesen direkten Weg, sondern gehen auf der Kardorfer Straße an der Bundeswehrfachschule vorbei, um links in ein weiteres Stück des Parks einzubiegen. Nun geht es leicht den Berg hinauf zu einer Plattform mit Fitnessgeräten. Von dort kann man in eine Mulde blicken, die früher ein Naturtheater gewesen ist.

Wir verlassen das Plateau in Richtung Äußerer Grüngürtel auf den offiziellen Wegen und erreichen so die Eckdorfer Straße, die links in einem weiten Bogen durch ein Wohngebiet führt. An der Ecke zur Hitzelerstraße bringt uns links ein Fußweg über die Militärringstraße und in den Robinienweg. Jetzt sind wir im Äußeren Grüngürtel. Dort gehen wir an der ersten Kreuzung rechts Richtung Klettenberg und Müngersdorf. Wir überqueren bald die Brühler Landstraße an der Fußgängerampel und gehen weiter ins Grün hinein. Hier stehen

Fritz-Encke-Volkspark

Kalscheurer Weiher

uns mehrere parallel verlaufende Wege zur Auswahl. Sie alle führen in Richtung **Kalscheurer Weiher 4.** Im Sommer kann man dort nett picknicken, einen Kaffee im Büdchen trinken oder mit einem Boot auf dem Weiher herumfahren.

Noch zwei Parks bis zu unserem Ziel.

Am Ende des Weihers gehen wir rechts zur Militärringstraße und dort links unter der Eisenbahnbrücke durch. Dieses Stück Weg ist nicht besonders schön – aber kurz. Links von uns sind jetzt Sportstätten, wir biegen aber rechts in den Unteren Komarweg ein und folgen ihm durch eine Schrebergartensiedlung. An ihrem Ende geht es kurz links und dann wieder rechts in einen Fußgängerweg. Wenn er auf die Rhöndorfer Straße trifft, gehen wir links durch die Drachenfelsstraße. An der T-Kreuzung gehen wir links und dann direkt rechts in den Fritz-Eink-Weg und kommen so in den **Klettenbergpark 5.** Er wurde bereits 1905 von Fritz Encke entworfen. Und wir ahnen es schon: Auch er hat einen Weiher, einen Rosengarten, einen Spielplatz, Spazierwege und überraschenderweise künstliche Steinbrüche. Der Klettenbergpark liegt aber im Gegensatz zu anderen Grünanlagen in einer Mulde. Am Wasserbecken vorbei erreichen wir so die Luxemburger Straße mit der KVB-Haltestelle Klettenbergpark.

Eingang Schrebergarten

Wir sind aber noch nicht ganz an unserem Ziel: Direkt hinter der Luxemburger Straße kommen wir durch eine weitere Grünfläche bis zur Berrenrather Straße. Auf der anderen Seite ist dann unser letzter Park für heute, der **Beethovenpark 6.** Er entstand auf einer ehemaligen Kies-

Klettenbergpark

grube – natürlich durch Fritz Encke, aber auch durch seinen Nachfolger Theodor Nussbaum. Auch in diesem Park finden wir wieder die typischen Merkmale: Die Liegewiese ist in diesem Fall sehr groß, es gibt auch einen Schmuckgarten und waldartige Areale sowie natürlich einen Spielplatz.

Der Beethovenpark hat aber trotzdem eine Besonderheit, und das ist der für Kölner Verhältnisse ungewöhnliche steile Hügel, der **Kahlenberg.** Er ist – wie auch der Herkulesberg und einige andere – ein Trümmerhügel. Geformt hat ihn also Schutt aus dem Zweiten Weltkrieg. Von seiner Spitze hat man einen guten Blick über den Beethovenpark. Darum ist hier auch das Ende unseres heutigen Spaziergangs.

Klettenbergpark

Beethovenpark

IMPRESSUM BILDNACHWEIS

Bibliografische Information der Deutschen Nationalbibliothek
Die Deutsche Nationalbibliothek verzeichnet diese Publikation in der Deutschen Nationalbibliografie; detaillierte bibliografische Daten sind im Internet über http://dnb.d-nb.de abrufbar.

Konzeption/Gestaltung/Satz: Droste Verlag, Düsseldorf
Einbandgestaltung und Illustrationen: Britta Rungwerth, Düsseldorf
Fotos: Bettina Blaß, außer: S. 8, 11, 26, 30 li. u., 70, 76, 153: Jörg Düspohl; S. 36: Mauro Staccioli, Untitled, 1999 © Stiftung Skulpturenpark Köln, 2020; S. 37: Paul Wallach, Ring-Around, 1999 © Stiftung Skulpturenpark Köln, 2020
Karten: Thorsten David; Bochum
Druck und Bindung: LUC GmbH, Greven

FSC www.fsc.org MIX Papier aus verantwortungsvollen Quellen FSC® C011279

ISBN 978-3-7700-2299-1
www.droste-verlag.de